广告策划与创意

主 编◎揭 谜 时梦楚 方冰晶

主 审◎华玉亮

北京理工大学出版社
BEIJING INSTITUTE OF TECHNOLOGY PRESS

内 容 提 要

本书根据广告设计师的岗位需求进行编写，将广告策划与创意的工作流程作为全书内容框架，强调实践项目和理论思考相结合，通过项目任务形式激发学生兴趣，培养学生的综合素养和能力。本书主要包括走进广告世界、广告调研策划、广告创意构思、广告视觉呈现、广告印刷制作和广告实战训练六个项目。每个项目都有明确的目标和内容，并设立了相应的项目评价，确保学生能够全面掌握相关知识和技能。另外，本书配备在线开放课程，为学生提供便利的学习平台。

本书可作为高等院校相关专业教学用书，也可作为相关专业研究人员的参考用书及广告设计人员的参考用书。

图书在版编目（CIP）数据

广告策划与创意 / 揭谜，时梦楚，方冰晶主编 . --
北京：北京理工大学出版社，2024.1
ISBN 978-7-5763-3018-2

Ⅰ . ①广… Ⅱ . ①揭… ②时… ③方… Ⅲ . ①广告学
Ⅳ . ① F713.81

中国国家版本馆 CIP 数据核字（2023）第 204437 号

责任编辑：时京京		文案编辑：时京京	
责任校对：刘亚男		责任印制：王美丽	

出版发行 / 北京理工大学出版社有限责任公司
社　　　址 / 北京市丰台区四合庄路 6 号
邮　　　编 / 100070
电　　　话 / (010) 68914026（教材售后服务热线）
　　　　　　 (010) 68944437（课件资源服务热线）
网　　　址 / http：//www.bitpress.com.cn

版印次 / 2024 年 1 月第 1 版第 1 次印刷
印　　　刷 / 河北鑫彩博图印刷有限公司
开　　　本 / 889 mm×1194 mm　1/16
印　　　张 / 8.5
字　　　数 / 235 千字
定　　　价 / 89.00 元

前言 PREFACE ⊙

我国广告行业市场潜力巨大。随着市场对广告需求的不断增加,广告行业亟须一批掌握广告策划、创意、设计、制作技能,能够与时俱进,具备工匠精神、团队精神的复合型人才。

高职院校是培养广告专业技术人才的重要基地。编写高质量的教材对适应市场需求、提升教学质量、培养创新精神、提高就业竞争力等方面具有重要意义。由于广告行业讲究创新和创意,广告教材需要在内容和形式上保持创新,关注新媒体广告、解决新问题。目前,针对高等职业院校的广告教学指导用书缺乏职业教育特点,学科和教材建设大多参考本科院校,存在重理论轻实践的问题。因此,高职院校广告教材需要突出高职教育的特点:懂理论、重实践、善应用,并具有时代性和先进性,培养"知行合一,经世致用"的广告专业技术人才。

基于上述考虑,编者以广告设计师的岗位需求为基础编写本书。本书主要包括走进广告世界、广告调研策划、广告创意构思、广告视觉呈现、广告印刷制作和广告实战训练六个项目。每个项目进一步拆分为若干小任务,提供明确的任务内容、任务目的、知识点链接和任务实施指南。这样的设置能够帮助学生逐步深入理解和掌握相关知识,并提供具体操作步骤和参考资料,方便实践训练,着力培养学生的创造力、想象力、设计表现能力和团队合作能力。

项目一走进广告世界,旨在引导学生了解广告行业的基本概念、发展历程和重要角色。通过学习广告行业的背景知识,学生可以对广告行业有一个整体的认识,并为后续的学习打下基础。项目二广告调研策划,着重培养学生的调研和策划能力。学生将学习如何进行市场调研、目标受众分析和竞争对手分析,并根据调研结果制订相应的广告策略和计划。项目三广告创意构思,旨在培养学生的创造力和想象力。通过学习不同的创意方法和技巧,学生将学会如何生成创意想法,并将其转化为可行的广告概念。项目四广告视觉呈现,注重培养学生的设计表现能力。学生将学习如何运用色彩、排版和图像处理及使用设计软件来创建具有吸引力与影响力的广告视觉效果。项目五广告印刷制作,侧重于教授学生如何进行印刷制作。学生将学习不同的印刷技术和流程,并了解印刷材料的选择和使用,确保广告作品能够在实际应用中达到预期效果。项目六广告实战训练,引入真实的广告项目,让学生从头到尾熟悉整个广告流程,通过实践活动来巩固所学知识和技能,并在实践中不断提高自己的专业素养和团队合作能力。

本书的特色如下。

(1)本书紧紧围绕广告设计师、广告策划师的岗位需求,增加了创意策划的比重,将策划和设计两部分有机融合,以突出岗位的需求和特点,旨在培养学生的设计分析能力、设计创意能力、设计表达能力、设计实现能力、协作沟通及自我发展能力。

(2)本书强调实践项目和理论相结合。为了激发学生学习兴趣,本书以广告流程为基础,采用项目任务形式编写,改变了以往广告设计课堂轻策划、重绘画,学生学、教师教的课堂模式,充分发挥学生的主观能动性,即主动要、主动学、主动练,培养学生的综合素养和能力。同时,课程引入教育部认可的专业设计竞赛,如大学生广告艺术大赛、全国高校数字艺术大赛、米兰设计周－中国高校设计学科师生优秀作品展等。通过赛教融合促进学生的主动学和教师的用心教，注重设计的实用性、新颖性、社会性，通过全国乃至全球同专业的横向比较，摸清师生的专业水平，学习专业前沿设计，吸收优秀设计精华，取长补短，去粗取精，去伪存真。

（3）本书融入党的二十大精神，通过项目目标（尤其是情感态度及价值观目标）引领，项目案例导入，知识点链接中的理论思考、思考判断、小组讨论启发浸润，任务实施指南，项目评价等方式，培养学生的政治认同、家国情怀、文化素养、全球视野、道德修养、法治意识、科学精神和职业素养。

（4）本书配套丰富的网络教学资源，为学生提供便利的学习平台。通过二维码微课视频、在线开放课程平台的线上课程与线下课程结合的方式，方便学生预习、学习、回顾知识点和重难点、提交作业，辅助学生顺利完成课程的学习。

本课程已在浙江省高等学校在线开放课程共享平台发布，链接地址为 https://www.zjooc.cn/course/30006028_30786554。

希望本书能成为高校学生学习广告设计的一把钥匙，为他们打开广告创意之门，点亮广告设计之路，为他们将来的职业发展打下坚实基础。

本书编写过程中，引用了部分来自网络的案例及图片，在此向原作者表示诚挚的谢意。

由于编者水平有限，书中难免存在不足之处，欢迎广大读者提出宝贵意见和建议，以便不断改进和完善。

编　者

目 录 CONTENTS

项目一 | 走进广告世界

项目导入

在学习广告设计之初，首先要掌握广告的基本知识，包括广告的概念、类型、历史、作用、原则、制作流程；其次还应全面了解广告技术、媒介、对象的演变史，为接下来的广告设计学习做扎实的理论铺垫。另外，还应掌握知识产权、岗位需求、行业规范等内容。本项目包含两个任务：掌握广告基础知识和了解中外广告史。

知识导图

项目目标

1. 知识与能力目标

（1）能够用自己的语言简洁地解释广告的概念，准确无误地辨别不同类型的广告和复述广告的制作流程。

（2）能够辩证地分析广告对广告主、设计师、消费者的不同作用。

（3）能够赏析一则广告，准确判断其存在的不足之处。

（4）通过合作学习，能够列出广告历史上的重要事件，并用时间轴形式呈现。

（5）能够熟记岗位需求和行业规范，并准确识别一项广告活动和作品是否符合法律法规。

2. 过程与方法目标

（1）通过有效地收集、整理、分析资料，能够从大量信息中提取关键点，具有逻辑性和条理性。

（2）通过合作学习，有效分析广告案例，锻炼自主探究能力和批判性思维能力；通过小组交流讨论，锻炼交流、分享与表达能力。

（3）熟练掌握 PowerPoint 软件制作技巧，能够设计出清晰、有条理的演示文稿。

3. 情感态度与价值观目标

（1）通过广告经典案例分析，培养对广告创意和设计的审美情感，能够欣赏和理解不同风格与类型的广告。

（2）通过小组交流讨论，培养对广告的批判性思维和分析能力，能够对不良广告有抵制和警惕意识，培养对市场营销和消费行为的理性认识，避免盲目跟风和过度消费。

（3）通过中外广告历史的学习，培养对本土文化和传统的尊重与保护意识，避免西方文化对本土文化的侵蚀，树立民族自豪感和文化自信。

（4）通过广告法、岗位需求、行业规范的学习，培养职业道德和诚信意识，强调广告从业者应遵守行业规范和法律法规；培养社会责任感，关注广告对社会、环境和公众利益的影响，并提倡可持续发展的广告实践。

📝 项目案例：农夫山泉

农夫山泉是一个成功的饮用水品牌。20 世纪 90 年代，农夫山泉准确抓住了消费者对天然、健康饮水的需求，推出了"农夫山泉有点甜""千岛湖源头活水"等广告语，迅速在饮用水市场中脱颖而出。

在进入 21 世纪后，面对竞争激烈的饮用水市场，农夫山泉进行了品牌和产品包装的全面升级，并推出以千岛湖山水为元素的品牌形象，通过"我们不生产水，我们只是大自然的搬运工"的广告语传达天然、纯净、健康的形象。这一举措再次使农夫山泉受到消费者的关注和喜爱（图 1）。

2015 年，农夫山泉再次更新了产品包装，并推出了学生水、婴儿水和高端水三条产品线。其中，学生水以长白山不同季节的自然风光为主题，在包装上营造出童话景象，给消费者带来独特的视觉体验（图 2）。

农夫山泉成功的关键：第一是准确抓住了消费者对天然、健康饮水的需求。学习广告时，我们需要深入了解目标受众的需求和心理，以便能够创造出符合他们期望的广告内容。第二，农夫山泉通过品牌升级和形象塑造，成功地传达了天然、纯净、健康的形象给消费者。学习广告时，我们需要注重品牌建设，通过巧妙的设计和传播手段，打造出与品牌定位相符的形象。第三，农夫山泉在产品包装上创造了独特的视觉体验，例如，以长白山不同季节为主题的学生水包装。学习广告时，我们需要注重视觉传达，通过精心设计的图像和色彩搭配来吸引消费者的注意力。第四，农夫山泉将"源头好水"的故事传播给消费者，让他们感受到农夫山泉的天然和健康。学习广告时，我们需要善于运用故事化的手法，通过讲述引人入胜的故事来吸引消费者的情感共鸣。

以上案例给我们提供了学习广告的有益启示，包括深入洞察消费者需求、建立品牌形象、创造独特视觉体验和故事化传播等方面，这将帮助我们更好地理解广告的核心原则和技巧，并在实践中取得更好的效果。

图 1　2010 年农夫山泉品牌形象及广告语

图 2　2015 年农夫山泉学生水包装

任务一　掌握广告基础知识

任务内容

通过查找资料，选择一则经典广告，对其进行案例分析。在此基础上，结合目前市场上存在的一些原创设计、抄袭设计、借鉴现象等谈谈感悟和启发，并以 PPT 的形式呈现。

任务目的

帮助学生走进广告世界，了解广告的基础知识，通过任务调动学生的学习积极性，夯实基础知识，帮助学生理解广告的内涵与外延。

知识点链接

广告的概念、类型、作用、原则、制作流程、广告法及知识产权法、岗位需求、行业规范。

[知识点 1] 广告的概念

广告一词最早源自拉丁语"Adverture"，有大喊大叫、诱导、吸引人心、引人注意等含义；后演变为"Advertise"，是指注意到某件事、引起别人注意。17 世纪末期，英国开始大规模的商业活动，此时"广告"一词广泛流行，并发展出广告活动（Advertising）、广告作品（Advertisement）等词汇。19 世纪末，梁启超在日本创办《清议报》，创刊号上刊登招揽广告的"告白价目"，到第 13 期时就附上了广告价目的"广告料"一则，这个词实际上来自日本报界对"Advertising"的翻译，由梁启超引入，被学界认为是目前所知中国人在自办的中文报刊上最先使用的"广告"一词。

在此之后的一段时间，"告白"一词与"广告"交替使用，1914 年，《申报》报头上出现了"本馆广告处启事"的字样（图 1-1），告白逐渐从报纸广告上消失。五四运动前后，新闻学与广告学的相关书籍广泛使用"广告"这一现代称谓。

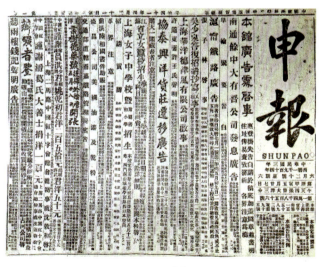

图 1-1　申报

广告一词即"广而告之"，在《说文解字》中"广"释义为"广、大也"；本义为有顶而无壁的大殿，引申为大、宽阔，动词是指扩大。"告"本义为报告、上报，引申为向公众通知的书面形式。简而言之，广告是广泛向公众通知的书面形式（表1-1）。

表1-1　"广告"一词的中英文释义

广告	"广"《说文解字》："广、大也。"本义为有顶而无壁的大殿，引申为：①大、宽阔；②动词，指扩大
	"告"《说文解字》：牛触人，角箸横木，所以告人也。本义为报告、上报，引申为：①向公众通知的书面形式；②通"皓"（hào），光亮、洁白
Advertise	源自拉丁语"Adverture"，有大喊大叫、诱导、吸引人心、引起人们注意等含义；后演变为"Advertise"，有注意到某件事、引起别人注意的含义
	"Advertising"：广告活动，具有动态的含义和性质。"Advertisement"：广告作品，具有静态的含义和性质

《中华人民共和国广告法》（2021年修正）将广告释义为"商品经营者或者服务提供者通过一定媒介和形式直接或者间接地介绍自己所推销的商品或者服务的商业广告活动。"《辞海》（第七版）对于广告的定义：为某种特定需要，通过媒体向公众传递信息的一种宣传方式。美国市场协会对广告的定义："广告是付费的大众传播，其最终目的为传播情报，改变人们对广告商品的态度，诱发其行动而使广告主得到利益。"《韦伯斯特辞典》对广告的定义：通过印刷品或广播等形式公开、普遍地宣布商品的优惠价格、理想品质，以及商家即将举行的活动等内容，以唤起顾客购买或光顾的欲望。

从内涵来看，现代广告是广告主为了区分和推广品牌，委托广告公司进行宣传的一种销售手段，广告的本质是传播，广告的灵魂是创意。广告公司是为客户提供广告创意、营销及其他商业服务的企业，他们负责提供广告策划、创意、制作和发布等服务。广告主所涉及的范围包括制造业、零售业、销售商（包括零售商、批发商和分销商）、政府、社会团体和慈善机构，涉及经济、政治、文化、娱乐、教育等社会领域。如今，广告学早已是一门独立学科，并拓展到设计学、心理学、经济学、社会学、美学等学科领域。

理论思考

请用自己的语言简洁地解释广告的概念。

［知识点2］广告的类型

广告按照宣传目的可分为商业广告、公益广告、政治广告；按照发布媒体可分为报纸广告、杂志广告、广播广告、电视广告、户外广告、售点广告、车载广告、邮寄广告、电话广告、短信广告、互联网广告、新媒体广告等。随着科技发展，广告技术水平不断进步，广告类型还在不断增加。

一、按照宣传目的分类

1. 商业广告

商业广告还可细分为产品广告和企业广告。产品广告是针对产品进行介绍、推广的广告。产品广告通过投放后的产品销量评估广告效果，因此，广告主愿意投资这种广告形式。企业广告是塑造企业良好形象的广告。相对于产品广告来说，企业广告需要一段时间才能收到成效，而一旦在消费者心目中建立了良好的企业形象后，企业在产品广告的支出就节省了。从整体来看，企业广告可以拉动产品广告，使产品广告的效果更加明显，因此，企业广告和产品广告相互配合是广告营销的长远战略。

2. 公益广告

公益广告是不以营利为目的而为公众利益服务的广告。它给广告人一个展现"广告良心"的机会，通过广告语言说出问题的本质，培养公众的社会问题意识，树立良好的社会态度与社会行为导向。世界各国的广告公司都在制作不同的公益广告，绝大多数公益广告在电视、广播、印刷媒体上播出或刊发都不需要付费。假如你设计的一则广告救了他人的性命、阻止了朋友酒后驾车、让大家都去义务献血或捐献衣物，公益广告使设计师有机会通过创意来回报社会，宣扬社会责任、社会美德。

3. 政治广告

政治广告是以宣传政治信仰、展示政治形象、传递政治价值的广告。政治广告能够影响受众的政治态度、信念和行为，有利于形成主流社会意识形态。在我国，政治广告可分为政党广告、广告性的新闻报道、领导人形象广告、公益广告。例如，在中国共产党建党100周年之际，中央电视台推出政治公益广告《人民之光》，广告把党员比作光：守护我国海上安全的人民海警是海上之光，点亮偏远山区孩子梦想的支教教师是梦想之光，为乘客深夜守候的大巴司机是守护之光，为孩子们播放电影传递欢乐的志愿者是欢乐之光，地震中拯救生命的救援队员是生命之光，最后广告响起"中国共产党，来自人民，为人民发光"。广告全长1分20秒，以平凡的岗位为视角，深入挖掘党性之美、信仰之美，以新时代党员的感人事迹敲击人心，通过柔性表达来替代硬性说教，给观众一种亲切、亲民的感觉，在互联网广泛传播，收获了观众的好评。

二、按照发布媒体分类

1. 报纸广告

报纸广告是指刊登在报纸上的广告。它的优点是读者稳定，传播覆盖面大，时效性强，特别是日报，可将广告及时登出，并马上送抵读者，可信度高，制作简单、灵活；缺点主要是读者很少传阅，多数报纸表现色彩简单刊登形象化的广告效果相对其他广告较弱。

2. 杂志广告

杂志广告是指刊登在杂志上的广告。杂志可分为专业性杂志、行业性杂志、消费者杂志等。杂志广告具有针对性强，保留时间长，传阅者众多，画面印刷效果好等优点；缺点是一般发行量不如报纸，因此，广告覆盖面小，由于多为月刊，广告截稿时间早，信息传递速度不如报纸、广播、电视及时。

3. 广播广告

广播是通过无线电波或金属导线，用电波向大众传播信息、提供服务和娱乐的大众传播媒体。在电视没有发展普及之前，广播是倍受人们欢迎的传播媒体。电视的兴起，将大批广播广告客户拉走，曾经有人担忧地说："广播广告注定要消失。"然而，从多年的发展趋势上看，广播广告的影响力仍然很大，它的独特魅力有其他媒体无可比拟之处。

4. 电视广告

电视广告是一种经由电视传播的广告形式，它将视觉形象和听觉综合在一起，充分运用各种艺术手法，能最直观、最形象地传递产品信息。电视广告具有丰富的表现力和感染力，播放及时、覆盖面广、选择性强、收视率高且能反复播出以加深收视者印象等优点；缺点是成本高，播出时间短，广告众多易被观众忽略。

5. 户外广告

户外广告是在建筑物外表或街道、广场等室外公共场所设立的霓虹灯、广告牌、海报等。户外广告是面向所有的公众，所以难以选择具体目标对象，但是户外广告可以在固定的地点长时期地展示企业的形象及品牌，因而对于提高企业和品牌的知名度是很有效的。

6. 售点广告

售点广告（Point of Purchase，POP），是一种有效刺激消费、扩大销售的促销媒介，是指在零售商店内的墙壁上、天花板上、橱窗里、通道中、货架上、柜台上张贴或摆放的各种广告物和产品模型。POP 容易引起顾客的注意，并使店员易于介绍新产品，说明产品的使用方法，强调产品的特色，促进售点生动化；作为经销商的售点装饰，还能成为教育经销商、消费者的手段。

7. 车载广告

车载广告是可以提供一个覆盖广和接触消费者频率高的全新空间，集图像、声音于一体，充分利用客车的流动性和人口容量大的特点，填补乘客途中的信息空白。车载广告形式多样，可在客车、轮船、飞机、地铁、高铁、火车等交通工具内部显示屏上、车身外部发布广告。

8. 邮寄广告

邮寄广告是通过邮寄的方式将广告页寄到消费者家中的广告形式，一般都附有赠券，消费者可持赠券到附近商店以优惠价格购买该产品。

9. 电话广告

电话广告是通过电话进行营销的广告形式。一般进行电话广告之前要充分准备，了解客户资料、产品内容、准备话术脚本，在电话过程中还要随时掌握消费者的需求，这样才能增加电话广告的成功率。

10. 短信广告

短信广告顾名思义，就是将广告内容以手机短信的形式发送出去，包括文字短信和彩信。是基于中国联通、电信直接提供的短信接口实现与客户指定号码进行短信批量发送和自定义发送的目的。

11. 互联网广告

互联网广告是指通过网站、网页、互联网应用程序等互联网媒介，以文字、图片、音频、视频或其他形式，直接或间接地推销产品或提供服务的商业广告。

12. 新媒体广告

新媒体广告是相对于传统媒体而言的，新媒体是一个不断变化的概念。例如，短视频广告对于广播、电视广告而言是新媒体广告。数字时代，短视频平台、直播平台、朋友圈、元宇宙网站等数字平台逐渐兴起和成熟，原有的广播、电视、报纸等传统媒体受到巨大冲击，但传统媒体与新兴媒体之间存在着互补性，因此，出现了"融媒体"这一媒介载体，融媒体是广播、电视、报纸等在人力、内容、宣传等方面进行全面整合，实现"资源通融、内容兼融、宣传互融、利益共融"的新型媒体。

❓ 理论思考

1. 观察生活中有哪些地方会看到广告？根据所学知识辨别这些广告的类型。

2. 广告一般通过何种技术手段呈现？这些技术手段分别具有什么特点？

[知识点3] 广告的作用

我们每天都在接触各式各样的广告，地铁站廊道的橱窗海报，快餐店门口的店面招牌，车载收音机中的广播广告，机场大厅的屏幕广告，手机、计算机中弹出的网络广告……不可否认，现代生活中的许多产品、服务和组织机构都被精心"包装"，变得"广告化"。无论喜欢还是不喜欢，广告已经影响了我们生活中的所有决定。然而，广告对于广告主来说是一把双刃剑，一则有创意的好广告能扩大知名度、促进产品销售，而一则违反公序良俗的广告会引起消费者反感，错失消费市场。

一、传达信息

广告设计是一门实用性很强的学科，它有明确的目的性，准确传达广告信息是广告设计的首要任务。在现代商业社会中，产品和服务信息绝大多数都是通过广告传递的，平面广告通过文字、色彩、图形将产品、性能、用途、使用方法、购买地点、价格等信息准确地表达出来，使消费者认识和接受该产品或服务。

二、树立形象

广告能够帮助企业树立良好的品牌形象，培养消费者对品牌的信任度与忠诚度，从而间接推动消费，它侧重企业的整体形象宣传，体现了广告的长期效应。

三、引导消费

广告引导消费者从价格、功能、审美因素综合考量，选择合适的产品。一幅色彩绚丽、形象生动的广告作品，能以其非同凡响的美感力量增强广告的感染力，使消费者沉浸在产品和服务形象给予的愉悦中，使其自觉接受广告的引导。

四、满足需求

广告能够满足消费者对功能、审美、心理等方面的需求。在功能上，广告为受众提供有效信息，使受众能够快速判断并作出选择。在外观上，一则具有美感与艺术感的广告可以激发消费者的审美情趣，引起消费者的共鸣，得到心理上的满足感、愉悦感。

如图1-2所示，哈雷摩托车传达了老式强烈振动的摩托车很"酷"的广告理念，开拓了摩托车消费新领域，受到爱刺激、爱冒险的年轻一代人喜爱，赢得了消费新市场。

综上所述，广告可以传递产品信息，促进产品的宣传，使消费者接受新产品，丰富人们的物质生活；树立品牌形象，促进竞争；引导消费，可以赋予产品新的价值，心理上增加人们的幸福感，视觉上带给人们美的享受。

然而，广告是一把双刃剑，如果没有遵循一定的规范，涉嫌抄袭、宣传低级趣味、违反公序良俗，

图1-2　1950年哈雷摩托车广告

引起消费者的不满和反感，则达不到预期效果，反而弄巧成拙，失去了市场信任度。除此之外，广告是否能发挥积极作用还受到企业经营、产品营销、市场需求等多方面因素影响，因此既不能低估广告的作用，也不能高估广告的作用。

理论思考

请辩证地分析广告对广告主、设计师、消费者的不同作用。

视频：带你认识平面广告设计

[知识点4] 广告的原则

有研究数据表明，媒体上98%的广告无人关注，而人们的视线在一则广告上的停留时间只有几秒，确认不感兴趣则会将视线移开。因此，一则广告要引起人们的关注、留下印象，甚至引起购买行为需要具备以下原则。

一、引人注目

引人注目是一则广告的基本条件。观众接受广告信息的过程包含多种心理活动，如注意、感知、记忆、想象、思维、情绪和情感活动等，但引起观众的注意是电视广告的首要任务。如何引起观众的注意？视觉上，运用强烈的色彩对比、动势或动态画面，具有视觉冲击力的系列广告吸引观众。听觉上，可以使用强烈的音响吸引观众，我国传统的声响广告往往是以击鼓、敲锣、吹拉弹唱的方式招揽客户，推销产品。现代广告以动听悦耳、激烈昂扬的音乐为主。

如图1-3所示，公益广告画面中手机话筒中喷溅出血浆，隐喻车祸事故现场的血腥画面，警示人们开车接电话的后果。这则广告运用了系列海报展现不同家庭场景，运用血浆喷溅的动态场景增加画面的动势，通过低饱和度的场景与高饱和度的血红色进行反差对比，广告能够迅速抓住人眼球，引人注目。

图1-3　印度班加罗尔公益广告《开车时不要说话》

二、新颖特别

新颖特别能够使一则广告与众不同、脱颖而出，可以从广告标题、文案、场景、声音、语言让人感到不同凡响，引发好奇心和关注度，达到出奇制胜的效果。

如图1-4所示，广告画面中为瓦西里升天教堂和大彼得罗夫大剧院及其地下建筑，地下建筑比地上建筑还要宏大，无比震撼。广告通过表面看不见的场景，暗示博物馆隐藏的精彩内容，吸引人们走进博物馆参观。

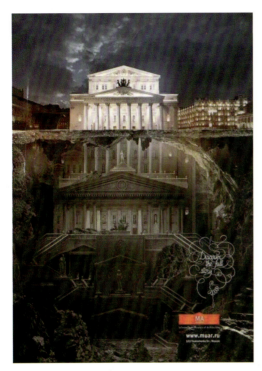

图 1-4 Saatchi 为俄罗斯博物馆设计的广告《发现完整的世界》

如图 1-5 所示，广告画面通过特写将皱纹细节展露无遗，通过幽默诙谐的方式讲述了皱纹产生的原因。

三、明白易懂

明白易懂体现在广告文字和广告画面必须通俗易懂、易于识别，工艺材料需要便于实施，如图 1-6 所示。我们要明白，做广告的目的是能够让消费者接受我们的产品。因此，无论在撰写广告文案还是绘制广告画面时，一切都要以消费者优先。设计之初，不妨多问几个问题：消费者真的明白我在说什么吗？假如我是消费者，这篇文案或这幅画面内容能够说服我自己购买产品吗？

图 1-5 妮维雅男士护肤品系列广告　　　　图 1-6 WWF 呼吁禁止为了皮毛滥杀动物的广告
　　　　　《因为生活会产生皱纹》

四、美观悦人

美观悦人即广告画面在构图、色彩、文字、版式、材料上给人以美的感受，满足受众的审美需求。按照美国心理学家卡尔·罗杰斯的观点：消费本身不是目的，而是实现维护、巩固自我意象的一种手段，而主体在自我意象的作用下，会使自己努力接近广告审美对象，使自己变得更加完美。因此，广告的劝服示范效应具有非常明显的效果，广告美不仅是给受众带来感官的审美享受，而且给受众展现或者说传递了一种新的、美好的生活方式和生活观念。如图 1-7 所示的公益海报，说明地球遭遇生态危机需要人类共同呵护；全球气候变暖导致冰川融化，人类猎取象牙、鹿角，捕食樱花钩吻鲑造成珍稀动物濒临灭绝。画面利用不对称构图展现动态美，利用留白空间创造意境美，利用水彩晕染表现东方禅意之美。

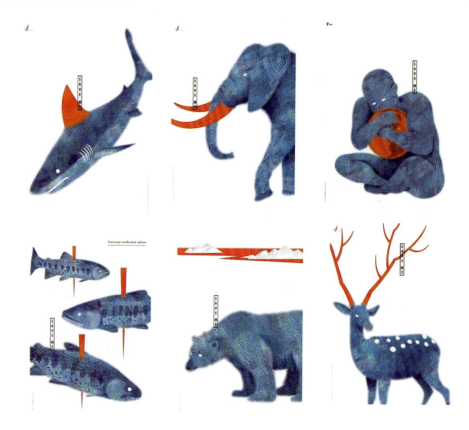

图 1-7　林宏泽设计的 Save Me 系列公益海报

五、尊重公序良俗

广告内容需要尊重公序良俗，遵守法律法规。广告传递的信息必须符合受众的既有经验，一方面是知识性的，另一方面是道德性的。广告传播的主张，不得触碰法律，不得挑战道德。广告应当引起人们美好的感觉和联想，才能激发人们的好感。另外，也是为广告的投资人避免不必要的麻烦。

🔍 理论思考

一则好的广告应该具备哪些原则？请赏析一则广告，判断其存在的不足之处。

视频：好广告的准则

[知识点 5] 广告的制作流程

广告的制作流程大致可分为市场调研、策划定位、创意草图、设计表现、测试修正和发布展示六个步骤，如图 1-8 所示。其中，广告创意是广告活动的重要组成部分，是广告的灵魂，贯穿整个广告设计流程。

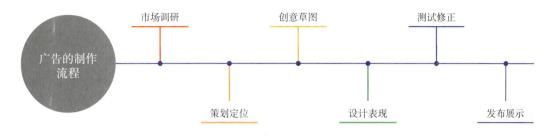

图 1-8　广告的制作流程

（1）市场调研。市场调研，即对广告消费市场的调查研究。它是采用问卷、电话或当面询问的方式，从有代表性的调查对象中收集资料，再加以观察、问卷、访谈、统计等方法认识其现象、规律，达到调查目的的研究方法。市场调研的对象包括消费者、产品、企业，通过多维度市场调查，帮助设计者全面了解市场情况。

（2）策划定位。首先分析资料，通过 SWOT 分析、信息图表、问题解答、品牌审计等分析方法对调研内容进行梳理、分析。其次，确定广告目标，广告在什么地方投放，需要达到何种效果，让多少消费者了解，前期目标、中期目标、长期目标分别是什么，都需要明确下来。最后进行广告定位，寻找目标消费市场，从而确定广告的目标、手段和方法。

（3）创意草图。借助创意方法激发创意思维，绘制创意草图。根据创意草图的可行性进行排序，选择最有价值、最具创意、可行性最高的方案进行深入设计。

（4）设计表现。在创意草图的基础上深入挖掘视觉元素，通过传统绘画方式和创意绘画方式挖掘并塑造视觉元素。再对广告图形与图像、文字与版式、色彩与格调进行设计、布局、完善。

（5）测试修正。广告测试是对广告效果的合理预测，有利于检查和验证广告目标是否准确，广告媒体运用是否合理，广告发布实践和频率是否得当，广告主题是否突出，广告创意是否独特新颖，广告受众对广告的满意度如何，广告内容是否符合广告法、道德规范。这样做有利于促进广告策划、创意、设计、制作、传播等广告活动环节的协同创新，提高广告的整体水平。

在与客户、受众沟通之前，设计者可以利用一些模型样机等数字虚拟场景对广告效果进行预览，使客户可以进行直观感知和评价。广告的制作过程是反复沟通的过程，迈克尔·约翰逊（Michael Johnson）认为沟通是战略与设计之间的"模糊边界"，是一方试图与另一方进行交流的中间过程。通过沟通在广告主与受众之间搭建一种信息交流和互动的平台，不断丰富、完善广告内容。

（6）发布展示。在广告实施之前需要确认广告的发布媒体，不同的广告媒体具有不同的特征，如纸质海报、户外广告等印刷制作广告需要经历检查文本内容、校色、打样、制版、印刷的过程；大屏幕、互联网等数字广告则要有检查文本内容，调整分辨率、尺寸大小的过程。

事实上，广告制作是一个既具创新性又富挑战性的工作，制作过程充满了不确定性。因此，在实际操作中流程并不是固定不变的，要根据实际情况做出调整，甚至推倒重来。广告设计者和学习者应在不断学习、实践、总结中摸索规律，体会方法，遇到具体问题需具体分析，切勿机械地复制和照搬。

⊙ 理论思考

一则广告是如何产生的？请准确地复述广告的制作流程。

［知识点 6］广告法及知识产权法

一、《中华人民共和国广告法》

《中华人民共和国广告法》(以下简称《广告法》)是规范广告活动，保护消费者的合法权益，促进广告业的健康发展，维护社会经济秩序的法律。《广告法》明确规定广告应当符合真实、合法，以健康的表现形式表达广告内容，符合社会主义精神文明建设和弘扬中华民族优秀传统文化的要求。不得有虚假或者引人误解的内容，不得欺骗、误导消费者。

《广告法》明确规定广告中不得有以下情形：

（1）使用或者变相使用中华人民共和国的国旗、国歌、国徽，军旗、军歌、军徽；

（2）使用或者变相使用国家机关、国家机关工作人员的名义或者形象；

（3）使用"国家级""最高级""最佳"等用语；

（4）损害国家的尊严或者利益，泄露国家秘密；

（5）妨碍社会安定，损害社会公共利益；

（6）危害人身、财产安全，泄露个人隐私；

（7）妨碍社会公共秩序或者违背社会良好风尚；

（8）含有淫秽、色情、赌博、迷信、恐怖、暴力的内容；

（9）含有民族、种族、宗教、性别歧视的内容；

（10）妨碍环境、自然资源或者文化遗产保护；

（11）法律、行政法规规定禁止的其他情形。

二、知识产权法

我国知识产权法是由《中华人民共和国著作权法》《中华人民共和国商标法》和《中华人民共和国专利法》三部法律构成的。其中，《中华人民共和国著作权法》第五十三条规定：有下列侵权行为的，应当根据情况，承担本法第五十二条规定的民事责任；侵权行为同时损害公共利益的，由主管著作权的部门责令停止侵权行为，予以警告，没收违法所得，没收、无害化销毁处理侵权复制品以及主要用于制作侵权复制品的材料、工具、设备等，违法经营额五万元以上的，可以并处违法经营额一倍以上五倍以下的罚款；没有违法经营额、违法经营额难以计算或者不足五万元的，可以并处二十五万元以下的罚款；构成犯罪的，依法追究刑事责任：

（1）未经著作权人许可，复制、发行、表演、放映、广播、汇编、通过信息网络向公众传播其作品的，本法另有规定的除外；

（2）出版他人享有专有出版权的图书的；

（3）未经表演者许可，复制、发行录有其表演的录音录像制品，或者通过信息网络向公众传播其表演的，本法另有规定的除外；

（4）未经录音录像制作者许可，复制、发行、通过信息网络向公众传播其制作的录音录像制品的，本法另有规定的除外；

（5）未经许可，播放、复制或者通过信息网络向公众传播广播、电视的，本法另有规定的除外；

（6）未经著作权人或者与著作权有关的权利人许可，故意避开或者破坏技术措施的，故意制造、进口或者向他人提供主要用于避开、破坏技术措施的装置或者部件的，或者故意为他人避开或者破坏技术措施提供技术服务的，法律、行政法规另有规定的除外；

（7）未经著作权人或者与著作权有关的权利人许可，故意删除或者改变作品、版式设计、表演、录音录像制品或者广播、电视上的权利管理信息的，知道或者应当知道作品、版式设计、表演、录音录像制品或者广播、电视上的权利管理信息未经许可被删除或者改变，仍然向公众提供的，法律、行政法规另有规定的除外；

（8）制作、出售假冒他人署名的作品的。

思考判断

请准确识别以下广告活动和作品是否符合法律法规，并说明原因。

1. A公司设计并发布了一则广告，该广告使用了一种特定的字体，该字体的版权归B字体公司所有，但未经授权。

2. 某化妆品公司在其广告中使用了一张经过大幅度修饰的模特照片来展示他们的产品。该照片通过使用美颜、修饰工具和后期处理技术，使模特的皮肤看起来更加完美、无瑕，并且让产品效果看起来更加显著。

3. 某房地产企业在其广告中宣称他们的项目是城市中最豪华、最高端的住宅区。他们使用了诸如"最豪华""最高端""最佳"的最高级词汇来形容他们的项目。

[知识点7] 岗位需求

设计到底是一种什么样的职业？靠什么赚钱？设计师的劳动成果是商品、服务，还是知识产权？只有正确认识设计师的工作性质，才能处理好设计过程中的各种社会关系。

从商业角度来理解，设计交易是一种出售无形商品的过程，也是提供专业服务的过程，还是可以把知识产权转化为经济价值的过程。设计师的职业特征具有实用性、审美性、创新性，早期平面设计也称为实用美术。

广告设计师、广告策划师、平面设计师是常见的广告设计岗位，主要任务是根据客户的要求提供图形和创意解决方案，主要能力需求是能够操作图形设计软件，具备创新、创意能力。

设计师岗位和艺术家有什么区别？有人认为设计师就是艺术家，有人认为设计师是"将艺术与商业结合"的人，因为他们都运用了美术的技巧和知识体系，都拥有高于常人的审美感受力和艺术想象力，都具有强烈的变革意识和执着的创新精神，都注重人生修养、艺术修养、专业修养、文化修养。然而，设计师与艺术家仍然存在本质性的区别，对于设计师来说，客户和用户是他们工作的重要对象，设计师需要将设计图稿与客户沟通，达到客户满意为止；而艺术家不用按着他人的意图去修改完成作品。另外，设计师需要掌握跨领域的知识技能，如统计学、法学、心理学、人体工程学、传播学、经济学等，这样才有可能设计出形式上完美、功能上符合实际需求的作品。因此，艺术家是根据自己内心世界的想法来创作色彩和图案的；而设计师要遵循客户的要求，设计满足客户需求的色彩和图案。因此，艺术家和设计师的出发点是完全不同的。

小组讨论

广告人的职责是什么？请谈谈广告人需具备哪些素质和技能。

[知识点 8] 行业规范

从事设计行业就必须履行设计师职业公德、行业规范。2019 年 12 月 1 日，创意中国设计联盟发布《设计师职业道德公约》，具体内容如下。

《设计师职业道德公约》

设计师在遵守我国法律法规的同时，致力于为客户提供专业的设计服务，诚实守信、相互尊重是立足于社会的基石，是设计师与客户、员工与企业、职员与职员之间关系的基本准则。加强设计师职业道德建设，提高设计师职业素质，对弘扬民族精神和时代精神，形成良好的社会道德风尚，促进设计行业的健康发展，具有十分重要的意义。

为促进设计师更好地履行职责，提高设计师的职业素质，保持应有的职业行为规范，在公众中树立良好的职业形象，根据国家法律、法规特制定本公约。

第一条 尊重客户，提供优质服务

快速响应客户需求，提供优质服务，依法保护客户的权益和商业机密，尊重客户的自主选择权。保证提供没有任何瑕疵包括知识产权瑕疵的作品。

第二条 敬职敬业，提高专业设计能力

发扬爱岗、敬业的精神，树立正确的人生观、价值观。努力提高专业能力，包括论证能力、协调能力、观察能力、理解能力、创新思维能力和表达能力等。提高工作效率，创作优秀的设计作品。

第三条 自觉追求完美，勇于创新

创新是设计的灵魂，也是赢得竞争的关键，在社会环境和市场需求变幻莫测的条件下，更要敢于冲破束缚，勇于探索。设计师必须以认真负责的态度，不断增强职业竞争素质，反对粗制滥造、玩忽职守的行为发生。自觉追求完美，努力实现作品价值的最大化，提供符合客户需求的设计作品。

第四条 尊重同事，团结互助

设计师之间应互相尊重对方人格尊严、宗教信仰和个人隐私，禁止任何形式的骚扰和造成胁迫性或敌对性工作环境的行为，应发扬团队合作精神，树立全局意识，共同创造、共同进步，建立和谐的工作环境。设计师之间应建立平等、团结、友爱、互助的关系，提倡相互学习、相互支持，开展正当的业务竞争。

第五条 与业务伙伴友好合作

本着互惠互利、合作共赢的原则与业务伙伴友好合作、共同发展。在与业务伙伴进行商业交往时，禁止收受其提供的贿赂、回扣或者其他可能影响商业判断的重大利益，尊重业务伙伴企业文化的同时，按照商业礼仪对待业务伙伴及其商业代表。

第六条 遵守纪律，维护集体利益

遵守公司规章制度，服从领导安排，对工作认真负责，不泄露公司商业秘密，自觉维护集体利益，个人利益服从集体利益，局部利益服从整体利益。对企业忠诚，反对损公肥私、损人利己，把个人的理想与奋斗融入集体团队的共同理想和奋斗之中。

第七条 禁止不正当竞争

共同维护市场秩序，抵制不规范、不公平的招标活动。禁止在市场竞争中采取任何违反法律法规行为，严禁采取不正当手段，人为设置障碍，干扰竞争对手工作。坚决反对恶意攻击、诽谤和不正当竞争的现象发生。

小组讨论

请针对市场上存在的设计模仿、抄袭、借鉴现象，分别谈谈个人的看法。

视频：广告公司的日常

任务实施指南

1. 资料查找：

（1）明确需求。确定需要查找的广告主题或领域，如汽车广告、食品广告、服装广告、房地产广告等。

（2）选择检索方式。选择合适的资源来查找广告内容，如前往学校图书馆或公共图书馆寻找与广告相关的书籍、杂志和报纸；通过互联网搜索引擎：使用搜索引擎（如 Google、百度等）输入相关关键词，浏览搜索结果中的网页、新闻和博客文章；通过访问学术数据库，如知网、读秀等，搜索与广告相关的学术论文和研究报告；还可以通过浏览广告行业网站、微信公众号等，如顶尖文案 TOPYS、Design360、古田路 9 号，获取最新的广告资讯和案例分析。

（3）筛选和评估信息。在查找到的资源中筛选出与你需求匹配的内容，并对其进行评估，确保所查找到的信息真实可信，标注其来源，如权威机构、学术研究或知名媒体；优先选择最新的广告内容；尝试获取不同类型和领域的广告内容，以便广告资料全面完整。

2. 分析思考：

（1）整理和记录：将找到的广告内容整理并记录下来。可以使用笔记本、电子表格或专门的笔记软件进行保存。在记录时，可以包括广告名称、品牌、发布时间、目标受众、主要策略等关键信息。

（2）深入分析：思考广告背后的意图和目的，探讨其采用的策略和手法，并思考其对消费者和社会的影响。

3. 自我提升：针对市场上存在的一些原创设计、抄袭设计、借鉴现象等，产生的感悟及启发。

任务二　了解中外广告史

任务内容

学生以小组为单位，通过查找资料研究广告历史的重要事件和特定主题，绘制一张世界广告大事件时间轴；通过合作学习深入研究某一广告历史时期或主题，制作研究报告，在课堂上分享自己的研究成果和观点。

任务目的

通过中外广告史的学习，帮助学生建立全面的广告发展认知，了解世界广告的起源、成长、转型、发展、统合的不同时期历史变化，通过自主探究，理解广告的经典理论，培养归纳、比较、思辨的能力。

知识点链接

广告的缘起、世界广告的成长期、世界印刷广告的出现与发展期、世界广告的转型发展期、世界广告的统合发展期。

[知识点1] 广告的缘起

本书将广告史划分为广告的缘起、世界广告的成长期、世界印刷广告的出现与发展期、世界广告的转型发展期、世界广告的统合发展期五个历史时期。这种划分方法是依据推进广告发展演变的内在社会力量进行划分的。一方面将中国广告历史纳入世界广告范畴，作为一种整体性的演进过程；另一方面将人类社会的生产力发展水平作为划分依据，将广告的产生、发展、演变分析得较为全面。接下来，让我们走进广告的历史，看看世界广告是如何发展的。

广告历史悠久，最早的原始广告可以追溯到原始社会，并持续到人类社会进入野蛮时期。这一历史阶段的原始广告有烽火传信、鼓号传信、竹号传信、结绳记事、图画文字、原始装饰术和文身术、图腾崇拜等（图1-9）。通过考古人们发现，原始广告是在早期的信息交流活动中产生的，原始人信息交流的媒介主要有三类：一是符号系统，包括语言、绘画、音乐、舞蹈等；二是实物系统，如牛角、石磬，其本身既是传播的内容，又是文化载体（图1-10）；三是人体系统，如人的肢体语言。其中，人际交流即口语传播是最主要的传播方式。这些信息活动为广告产生奠定了语言基础。

图1-9　拉斯科洞窟"中国马"壁画

图1-10　良渚神人兽面纹玉琮

🔍 理论思考

1. 广告起源的历史可以追溯到哪个时期？广告起源的动机是什么？人们为什么开始使用广告来宣传和推销产品或服务？

2. 在广告起源的初期，人们使用了哪些媒介来传播广告信息？这些媒介在当时的社会中扮演了怎样的角色？

3. 广告起源阶段是否出现了一些标志性的广告活动或作品？这些活动或作品对后来的广告行业有何影响？

[知识点2] 世界广告的成长期

世界广告是在人类社会的奴隶制和封建制的中期成长起来的。此时伴随社会生产力的进步、国家的产生，人类社会的统治管理能力大幅度提高，广告活动得到充分发展。

一、古巴比伦

人类文明最早出现在"美索不达米亚"南部的苏美尔地区——人类历史上第一个农业村落、第一座城市，最早的车、船和楔形文字都出现在这里。楔形文字书写于用黏土制成的半干的泥板，落笔处印痕状如木楔，故称楔形文字（图1-11）。楔形文字既有学校的课本，也有记录着修建神庙、战争获胜等内容，虽然还算不上真正意义上的广告，但是古老的商业广告正是在此基础上发展而来的。

随着生产力的发展，公元前3000年，位于美索不达米亚南部地区的小集市上出现了大量的农业和手工业剩余产品，底格里斯河和幼发拉底河及密布的运河就是天然的贸易干线，人们在运河上运输商品。这一时期的商人雇用专人向过往的人大声吆喝宣传商品。

大约在公元前1894年，来自叙利亚草原的阿摩利人占据了这里，建立了巴比伦王国，巴比伦人的经商水平闻名于世，也善于运用广告进行宣传。许多店铺为了吸引众人目光，将商品形象刻在石头上、泥板上或木头上；酒店用灌木、鞋店用靴子的形象做标志；沿海城市则采用"叫喊"进行广告宣传。伴随着频繁的周边贸易，古代巴比伦的广告活动也日益频繁（图1-12）。

图1-11　楔形文字

图1-12　喝啤酒的苏美尔人

二、古埃及

古埃及的发展历经了古王国时期、中王国时期、新王国时期和后王朝时期四个历史时期。古王国时期以物易物是当时商品交换的主要形式。中王国时期，与周边贸易增强，国内城乡交换日益频繁，贸易发展的一个重要成就是出现了新的工商业城市。新王国时期，铜、青铜、白银和黄金等金属作为流通手段，商人开始出现。后王朝时期，随着铁器使用的逐渐普及，商品货币关系空前发展，并出现了铸币。商业在不断发展，城镇明显增多，对外贸易更加活跃。在第26王朝法老尼科统治时期，动用了大量的人力和物力开凿尼罗河至红海之间的运河。埃及运送香料的陆路商队和船只远航至红海南岸的蓬特。

古埃及的商业贸易繁荣催生了广告的发展。在港口码头，店主通常雇用专门的人穿街走巷，高声喊叫，用押韵的、洪亮的声音告知人们有关船只的进港、出港及船上货物的相关信息，从而出现了早期的"叫喊人"，其目的是传递消息，吸引更多的人前去购买。

公元前1000年，在古埃及首都就有人散发过以莎草纸书写的广告传单，其中一张约32开大小，淡茶色，上面的内容是："奴隶谢姆（Sham）从其主人哈布处逃走……"落款是"能按照您的意愿织出最好布料的织布师哈布"现存于大英博物馆，被称为世界上最早的文字广告（图1-13）。

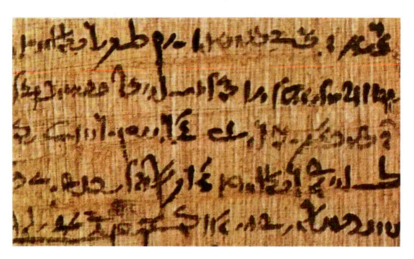

图1-13　古埃及莎草纸广告传单

三、古希腊

公元前8世纪，希腊半岛和小亚细亚西海岸出现希腊人建立的城邦。各城邦的经济发展不平衡，有些城邦手工业和商业发达程度较高。公元前5世纪后半期，伯里克利当政期间，雅典达到全盛，奴隶主民主政治发展到古代世界的高峰。雅典的皮利尤斯港是当时对外贸易的著名港口，万商云集。

在古希腊，"叫喊人"已经活跃在社会生活的各个方面。"叫喊人"通常是被雇用的，但要有美妙的声音才有被选中的可能。在雅典城里，人们随时都可听到有人用吆喝声贩卖奴隶、牲畜及手工艺品、日用品等。许多集市的墙壁上有专门用来粘贴各种布告的板，让人们将关于丢失的物品、被盗的东西、逃亡的奴隶及待售的商品等内容粘贴在上面，类似于今天的寻人（物）启事。

据考证，雅典时期招牌广告形式已经出现，商户将商店或行业名称写在木板等材料上，立在屋前店头，招徕顾客。

四、古罗马

早在共和时代，罗马就从希腊进口陶器，并出现了八天一次的集市日和一年一度的庙会。这些最初带有宗教色彩的集会慢慢就演变成一种商业性交易活动。

罗马城中有许多集市，其中以罗马大集市（Foro Romano）最为著名。罗马人不断进行军事征服使大量的战俘沦为奴隶，奴隶数量的激增刺激了奴隶买卖活动的兴盛。罗马城是当时首屈一指的大都市，人口达百万之众。主要街道上店铺林立，人来人往，络绎不绝。城内闹市区的街道上，商店普遍悬挂着刻有神仗、酒壶、蜜蜂和狮子头等图案的木料招牌，并写有商店或行业名称，甚至连房屋的墙壁上也涂满或刻写了各种粗糙的广告文字和图画。由于商业贸易的频繁与竞争，罗马城里的"叫喊人"相当普遍，他们的工作范围很广。

传单广告很早就被普遍使用。除罗马城外，位于维苏威火山脚下西南10千米处的庞贝人口迅速增加，到公元前8世纪，已经成为仅次于罗马的第二大城市。与古希腊人一样，古罗马人也有将自家墙壁的一角弄平并刷成白色，用来书写或绘制个人公告或图画的风俗。他们将这种墙壁上刷白处称为白板公示牌（Album）。庞贝古城中遗留下来的白板公示牌有6 000多处，属于早期的墙体广告，其内容主要有角斗表演广告（图1-14）、出租和销售类广告、旅游和公共浴池广告、政治选举广告。

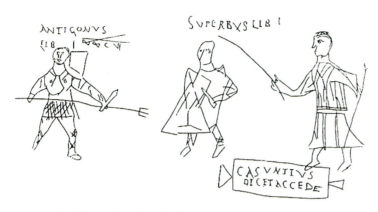

图1-14 古罗马庞贝古城的角斗表演广告

五、古代中国

中国古代广告要从先秦说起。先秦时期，统治者把有关国家政教、法令的图像或条文，悬挂在"阙下"或张贴在城门口两旁，以便出入城门的百姓观看，以广泛告知百姓。

夏商周时期，实物广告和口头广告是主要的广告形式。《诗经》中记载："氓之蚩蚩，抱布贸丝"，意为老实忠厚之人怀抱布匹来换丝，这证明了当时物物交换过程中产品实物本身就是广告。《楚辞》中记载："师望在肆……鼓刀扬声"，"吕望之鼓刀兮，遭周文而得举"，姜太公被周文王起用之前，曾在朝歌做买卖，鼓刀扬声，高声叫卖，以招徕顾客。人们认为这里的"鼓刀"和"扬声"是经典的口头叫卖广告。

春秋战国时期，商业广告初步发展，出现了悬物广告、标记广告、悬帜广告。春秋时期，商人阶层出现了分化，分为行商和坐贾。行商和坐贾的分化直接导致了新的广告形式的出现：坐贾守着固定的场所和摊位经营，为了引人注目，除口头和实物陈列展示广告外，他们还把陈列在地上的商品悬挂起来，以期达到吸引顾客购买的目的，形成了悬物广告。随着生产的分工和商品交换的扩大，商家在产品上刻上铭文、年号用于标记和装饰，有些文字初步具备商标的功能，形成了标记广告。随着封建经济的发展，织染、缝制等技术的进步，广告的形式和技术都有了很大的发展，商人的广告宣传意识日益增强。为了让广告更加美观，经营者开始尝试用布帛等材质画上物品的形象进行悬挂，原始的悬帜广告开始出现，成为战国时期重要的广告表现形式。

秦汉时期的广告有旗亭、市鼓、悬壶售药等形式。旗亭是汉代出现的新型广告形式，是市场内标志性建筑，市官的官舍，汉代称市亭，也称为市楼，并以其上高悬旗帜为标志而被称为旗亭。市楼之上悬挂着市鼓，每当市场开启或关闭之时，均击鼓告之于民众，便出现了击鼓示众的声响广告。市鼓的设置和汉代的建制密切相关。汉代的市场与居民区分开，主要为了方便商人交易，并出于安全的需要，市场的四周多建有围墙，四方开门，按时关闭。汉代的药房通过悬壶广告招揽生意，属于幌子广告。"悬壶济世""葫芦里卖的什么药"体现出悬壶广告这一民间风俗。

隋唐时期，口头叫卖、招牌广告、商品展销会、旗帜广告、标记广告等多种广告形式均得到了进一步发展。唐代的口头广告日渐丰富，特别是唐末商品交易突破市坊制度的限制以后，商品广告的口头叫卖形式得到进一步的发展。唐代的招牌广告十分普及：书写店铺的名号、字号，传达商家的经营思想和经营特色，不同的横额、竖招牌、挂板、店外冲天招牌十分丰富。唐代城市规模扩大，商品种类繁多，客观上为较大规模的商品陈列、展示之类的商品展销会创造了条件。

从古巴比伦、古埃及、古希腊、古代中国的广告历史发展中可以看出，古代广告经历了口头叫卖、吆喝、实物、幌子、招牌、标记的发展过程，经过不断发展演化，形成了较为全面的早期世界广告形态。古代各文明之间文化交流和贸易往来，为世界广告的进一步发展提供了条件。

理论思考

1. 古代广告有哪些形式？

2. 世界广告成长期是指哪个时期？在这个时期，广告行业经历了哪些重要的发展和变革？

3. 世界广告成长期是否出现了一些具有创新性和突破性的广告活动或作品？这些活动或作品对于广告行业的发展产生了怎样的影响？

4. 世界各地在广告行业中扮演着怎样的角色？不同国家和地区之间的广告文化差异如何体现？

［知识点 3］世界印刷广告的出现与发展期

一、中国印刷广告的出现与发展期

中国的造纸术和印刷术的发明，催生了印刷广告的产生。广告铜版作为一种新型的广告媒介在北宋时期开始出现。最为典型的实物就是现存于中国国家博物馆的济南刘家针铺的广告铜版（图 1-15）。这是一种商标和广告信息相结合的雕版印刷物。它是目前世界上现存最早的印刷广告文物，上面雕刻着"济南刘家功夫针铺"的标题，中间是白兔捣药的图案，图案左右标注"认门前白兔儿为记"，下方则刻有说明商品质地和销售办法的广告文字："收买上等钢条，造功夫细针，不误宅院使用；客转为贩，别有加饶，请记白。"这则广告图像鲜明突出，小小一块铜版，包含商标、广告词，不仅清楚地说明了店铺的名称，同时还注明店铺的经营范围、方法、质量等。事实证明，北宋时期印刷广告水平已经相当成熟，不仅有文字广告，还有图文并茂的广告。它比西方印刷广告早三百多年，被视为印刷广告中的典型代表。

图 1-15　北宋时期济南刘家针铺的广告铜版

我国现存最早的广告画是南宋时期的《眼药酸》册页（图 1-16），是为了宣传杂剧《眼药酸》而画的。这部杂剧讲的是一位江湖眼科郎中沿街兜售眼药时，碰上一位市民，指着他的眼睛说其有病，结果由于不识时务，反被那人打了一顿棍子的故事。讥讽了北宋济南城里卖假药的奸商，大受百姓欢迎。从服饰细节可以看出，这位江湖郎中头戴皂色奇特高帽和橙色大袖宽袍，身上挂着一大串画有眼睛的药葫芦，斜背的药包上更是画着浓眉精睛的一只大眼，颇有趣味。由此可见广告画在南宋时期即已成熟，比西方公认最早的印刷广告1473年英国第一个出版商威廉·凯克斯顿为宣传宗教内容的书籍而印制的广告，还早了几百年。

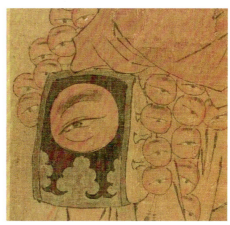

图1-16　宋人描绘南宋杂剧《眼药酸》册页及细节

在北宋张择端的《清明上河图》中也能一窥中国古代广告的多样性：有"孙羊店""赵太丞家"等店面招牌、悬帜，也有小贩挑着担子一路叫卖，还有像"孙羊正店"用竹木搭建再用彩帛装饰的气派豪华的彩楼欢门，可见当时汴京社会的繁荣景象（图1-17）。

图1-17　北宋张择端的《清明上河图》

在宋代雕版书中，一般都有"刊语"或"牌子"，多刻在目录或序文后，内容为告诉读者书坊字号、刻书年月及地点，与现代书籍的版权页相似。另外，有些"刊语"或"牌子"还带有广告宣传性质：或宣传自己的刻本"精加校证""的无差错"，或宣传其书如何周全、如何有用，或刊出新书预告，以引起读者的购买欲望。

元代，印刷广告取得更大的发展，1985年在湖南沅陵县一座1306年以前的元代墓葬中发现两张包装纸，纸内有板刻文字和朱色印记，说明了店铺的地址，所售商品的品种、质量和特性，将包装、广告、商标融为一体，文字中有"买者请将油漆试验，便见颜色与众不同"，"请认红字门首高牌为记"这样唤起消费者注意力的典型广告用语，已经具备了现代包装广告的某些主要特征，并初步有"创名牌意识"的萌芽，最值得注意的是，包装纸上的5枚朱印竟是防伪标记！可见当时印刷广告已经发展到非常完善的地步了。

明代开始出现资本主义萌芽，同时当时政府奉行对外开放的政策，特别是郑和七下西洋促进了国际贸易的发展；当时儒家重义轻利和重农抑商的政策开始受到冲击，社会开始转变对商业的看法，许多知识分子也开始涉足广告领域，使明清时期的广告呈现出知识性、趣味性，并逐步形成了我国独特的民族风格。

明代的书籍印刷十分发达，书商往往同绘画者、雕刻者相结合，利用各类书籍插图做广告。当时书商出版的小说，如《本草纲目》《农政全书》《天工开物》《三国演义》（图 1-18）等都有精美的插图。值得一提的是，明代的插图不仅绘制精美，而且种类繁多，有时同一题材的书籍插图版本也各不相同。例如，《三国演义》中的插图版本就不少于九种，建阳刻本版朴实厚重，金陵刻本版则注重细节，力图通过刻画人物面部表情来表现内在气质，其他版本插图也各有千秋，其质量之高、表现力之强，都堪称艺术精品。

图 1-18　周曰校插图版《三国志通俗演义》中的陶谦三让徐州

明代发明了彩色版画套印技术，让书籍插画视觉冲击力更强，色彩更为鲜艳精美，如《十竹斋画谱》（图 1-19）和《十竹斋笺谱》是印刷史上划时代的作品。该作品所运用的彩色版画套印技术将中国古代版画推向了炉火纯青的境地。它用饾版法印成，即将画稿勾摹下来，分刻成许多小块刻版，然后根据画面的位置，多次印刷，最后组成彩色画面。

图 1-19　明末书画家、出版家胡正言主持雕版印刷的《十竹斋书画谱》

到了清代，商人开始利用民间木版年画来做广告，天津的杨柳青、苏州的桃花坞是著名的年画生产地（图1-20、图1-21），这些年画多用于装饰，如爆竹外面的包装纸、婚嫁中的喜帖等。当时的年画多以民间故事、戏曲人物等民间喜闻乐见的形式为造型，如苏州桃花坞四时茶点以《失街亭》为主画面，十分精致典雅，深受民间欢迎，作为广告来传播范围很广。

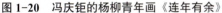

图1-20　冯庆钜的杨柳青年画《连年有余》　　图1-21　苏州桃花坞年画《一团和气》

除此之外，明清时代传承的老字号店铺成为消费者信赖的品牌，立字号成为经营者对商品品质的一种承诺和保证。另外，楹联广告发展越来越讲究形式美，还出现了政治名人和文化名人书写招牌与楹联广告的美谈，店铺的名目和招牌的书写都很讲究，出现了"全聚德""六必居""都一处"等老字号的店铺，也出现了许多名人写的广告楹联。楹联广告是具有我国民族风格的一种文字广告形式。楹联起源于春联，一则好的对联广告，既能让人体会到文字的美妙，也能提高商家的知名度。

综上所述，我国最早见于文字记载的具有广告意味的印刷广告出现在晚唐五代时期，到北宋中叶，随着毕昇发明活字印刷术后，印刷广告开始出现并逐步普及。到明清时期，除传统的广告形式继续繁荣外，印刷广告及书籍插图和木版年画开始出现，这是我国印刷广告在明清时期的一大特色。

二、西方印刷广告的出现与发展期

中国造纸术和印刷术传到欧洲后，印刷广告逐步在欧洲普及。德国人约翰·谷登堡（Johannes Gutenberg）在1448年发明了金属活字印刷术，标志着大众传媒时代的到来。这种印刷技术大大提高了印刷质量和速度，在欧洲得到推广，成为广告变革的重要因素。谷登堡的铅活字印刷术得到了广泛的应用以后，为印刷广告的发展提供了条件，欧洲随后进入印刷广告的时代。

1475年，英国商人威廉·卡克斯顿开办了第一家印刷厂，印刷了第一本祈祷书《索尔兹伯里礼拜仪式通览》和推销该书的广告。这则招贴广告制作出来后大量招贴在伦敦街头，标志着西方印刷品广告的开端。此后，印刷广告蓬勃发展起来。印刷术的发明，使过去垄断在贵族和僧侣手中的文化知识迅速向大众传播，也使人类广告活动从原始的实物陈列、文字说明进化到印刷广告的跨时空传播时代。

这一时期，以英国为首的早期报刊也发展起来。最早定期出版的印刷报纸是1609年德国出版的《报道式新闻报》。除报纸外，期刊也开始出现。1622年，英国人托马斯·阿切尔创办了《每周新闻》。1631年，法国最早的印刷周报《报纸》出版，其出版人雷诺道特被称为"法国报业之父"，同年，法国还出版了第一份周刊《各地见闻》。当然那一时期的报纸发行量还很有限，还不是现代意义上的大众媒介。

1630 年在法国诞生了第一家现代广告公司，那一年，巴黎一个医生开设了一家前所未有的商店，任何人只需花 3 个苏（法国古铜币，面值 5 个生丁），就可在商店门口贴出一张广告。此后，在英国、美国相继出现了广告公司，起初这些广告公司是专门从事广告代理，后来逐渐涉及广告设计业务。

1650 年，英国《新闻周报》上刊登了一则寻马悬赏启事，它是世界上第一个报纸广告。

17 世纪中叶的资产阶级革命和 18 世纪工业革命促进了社会经济的发展，印刷广告在英国率先发展起来，使英国成为当时世界广告的中心。

1728 年，《宾夕法尼亚公报》（Pennsylvania Gazette）首次出现插图广告，广告迈出了图文并茂的第一步。英国工业革命促进了欧洲商品化，催生了大量广告需求，报纸和纸质广告成为主流媒体。

1820 年，随着摄影技术的发明、印刷工艺的改进、套色印刷的出现，海报的质量得到了大幅度的提高。美国纽约的《每日论坛报》在 1853 年第一次采用了照片作为一家帽子店的广告，摄影图片、蒙太奇海报成为重要的表现媒介。

理论思考

1. 印刷广告在传播效果和覆盖范围方面相比其他媒介有何优势？这些优势如何促进了印刷广告行业的繁荣？

2. 在印刷广告的出现和发展时期，人们对于设计和排版有何要求？印刷广告的视觉呈现如何影响了消费者对广告的接受和记忆？

3. 印刷广告行业在当时面临了哪些挑战和机遇？这些挑战和机遇对于行业的未来发展有何启示？

［知识点 4］世界广告的转型发展期

19 世纪 30 年代，伴随欧美现代社会的逐步确立，大众报业的崛起与发展给世界广告的专业化发展带来了契机，使广告成为一支独立的社会行业。学术并行的局面使广告业以前所未有的发展速度向前推进。

1858 年在香港出版的《中外新报》开中国报纸广告先河，出现传统年画与西方招贴海报相结合的月份牌广告，成为中国最早的商品宣传艺术。

19 世纪末，加拿大、日本出现了广告公司，其他国家也相继跟进，广告公司从只发布广告转而开始设计文案和插图。印刷技术上出现了彩色平版印刷，对广告业产生了重大影响。19 世纪下半叶，中国大陆和中国香港的广告深受英美等国的影响，出现了报纸、广播、电视、月份牌、霓虹灯等大众化广告媒体形式，并呈现出东西融合的设计风格。

20 世纪随着广告的发展，学界产生了一些经典的广告理论，如理由文案理论、USP 策略、情感诉求理论、名人效应理论学等理论相继出现。

理由文案理论是 20 世纪广告业流行的策略之一。它的核心在于提出明智的理由——为什么消费者要购买这个品牌产品的理由。这种方法被许多人看作硬性推销。

独特卖点策略（Unique Selling Proposition）简称 USP 策略，是指将一个简单的卖点作为信息进行沟通，并不断重复，使其牢牢植根于消费者的头脑。

情感是人类的心理现象，是客观事物与主观需要之间关系的反映。情感诉求理论是指利用人类情感中的七情六欲来制订广告策略。喜、怒、忧、思、悲、恐、惊被称为七情，色、声、香、味、触、法被称为六欲。情感策略通过美感、亲密感、幽默感、恐惧感，抓住消费者的情感需求，让消费者产生共鸣。

名人效应理论是通过与知名人士合作，达到引人注目、扩大效应或人们模仿明星的心理现象。

1902 年，广播试验成功，人类的通信史迎来了广播时代。1920 年，美国匹兹堡西屋公司的工程师弗朗克·康拉德建立 KDKA 电台，成为举世公认的历史上第一座广播电台。同年 9 月 29 日，在此电台播出了第一支广播广告，内容是推销收音机（图 1-22）。

图 1-22 1902 年 KDKA 电台播出了第一支广播广告

理论思考

1. 广告创意在世界广告的转型发展期中扮演着怎样的角色？创意营销如何提升品牌价值和吸引消费者？

2. 这一时期产生了哪些经典的广告理论？请具体阐述。

3. 人们对于广告内容的接受程度和参与程度如何？品牌故事和情感营销在塑造消费者认同感方面有何作用？

［知识点 5］世界广告的统合发展期

伴随着世界经济化浪潮和互联网兴起，广告公司向综合集团化方向发展，业务范围利益拓展，服务日益全面，地域覆盖范围日益广泛。

1994 年 10 月，在 AT&T 公司的赞助下，乔·马克坎伯利（Joe McCambley）在 HotWired.com 上发布了世界上首个网络广告——黑色背景上用彩色文字写着"你用鼠标点过这儿吗？你会的"。就是这个横幅（Banner），开启了一个新的互动广告时代。1996 年，DoubleClick 公司将 Banner 广告与 Cookies 技术集合，基于用户行为的低配版"瞄准"广告诞生。1996 年 7 月，雅虎发布了搜索引擎广告。2006 年，Facebook 推出了"信息流"——它能按照时间顺序显示用户所有好友的活动，是信息流广告的鼻祖，现在我们每天接触到的社交软件广告也是由此演变而来的（图1-23）。伟嘉在1998年播放的世界上第一支给猫看的广告就是由威豪制作和拍摄的，轰动一时。

图1-23　Facebook信息流广告

2017年，可口可乐在纽约时代广场投放了一块特别的广告牌，成为世界上第一台3D机器人LED广告牌。它由1 715个移动的LED和245个静态LED屏组成，整体占地面积为240平方米。它已经获得了两项吉尼斯世界纪录，分别是"最大的3D机器人广告牌"和"第一台3D机器人广告牌"（图1-24）。

图1-24　3D机器人广告牌

从本质来看，广告的发展受到社会经济、科技的影响。一方面科技的变革推动了广告媒介技术的进步，广告媒介由叫卖、招牌、幌子发展到纸质广告、广播广告、电视广告、电子邮件广告、门户网站广告、短信广告、微信广告、短视频广告、直播广告、互动广告等。另一方面随着广告生产力的发展，广告的生产关系也在发生相应的变化，广告主、消费者、广告代理公司、广告设计公司之间产生了新的关系。

然而，面对数量惊人的广告，消费者感到应接不暇的同时也产生了抗拒心理。因此，广告的传播形式随着时代发展和消费者心理需求的转变，悄然发生了变化：从最初的轰炸式的硬广告转变为软广告；从插播广告转变为植入广告；从平面海报纸质广告转变为屏幕输出、声光电结合的动态广告；从"撒网式"投放转变为大数据支持下按需精准投放。除此之外，还产生了具有趣味性、互动性的户外广告。广告传播形式的转变，标志着广告产业的成熟，也让如今的消费者对广告不再是避之不及，而是在收到自己需要的产品、服务广告信息的时候细心挑选和谨慎购买。未来的广告将呈现出形式多元化、投放精准化、参与性强的趋势。

小组讨论

1. 在世界广告统合发展期，全球化对于广告行业有何影响？跨国广告公司如何在不同文化背景下开展业务并满足客户需求？

2. 广告创意在世界广告统合发展期中如何演变？创意团队和创意流程的优化对于提升广告效果有何作用？

3. 人们对于可持续发展和社会责任的关注程度如何？可持续广告和社会意识营销在塑造品牌形象方面有何作用？

视频：历史上有趣的广告

任务实施指南

1. 资料查找：

（1）综合检索：以小组为单位，综合利用图书馆、互联网等资源查找与广告历史相关的资料，内容包括从广告起源开始至今的广告大事件，形式包括书籍、期刊文章、学术论文、案例研究等，要求来源于学术数据库、权威出版物，以确保资料的准确性和可信度。

（2）归纳整理：将找到的资料进行整理和归纳，每组梳理出 1 张世界广告大事件的时间轴，建立起广告认知框架。

2. 主题探究：

（1）选定主题：选择特定的广告历史时期或主题进行深入研究。可以选择 20 世纪某个具有重要影响力的广告运动，如创意革命运动、广告美学运动、品牌建设运动、情感营销运动、社会责任运动等；或者关注某个特定产品或品牌在不同时期的广告策略变化，如 Coca-Cola 可口可乐、Nike 耐克、Apple 苹果等品牌。

（2）深入探究：收集相关资料，并通过阅读、分析和比较来深入了解所选主题。提出问题、寻找答案，并形成自己的见解和观点。

（3）合作学习：教师鼓励学生在小组内展开合作学习，共同研究和探索广告历史。小组成员可以分工合作，在研究、资料整理、演示等方面互相协助，共同解决问题，分享资源和经验，提高学习效果。教师可以提供适当的指导和支持，鼓励学生互相合作，形成团队精神和集体智慧。

3. 分享讨论：

（1）分享成果：在课堂上分享自己的研究成果和观点。每个小组可以选择一个代表来介绍他们的主题探究，并与其他小组进行讨论和交流。

（2）合作学习：教师鼓励学生提出问题、发表意见，并就不同观点展开讨论。教师可以引导讨论，促进学生之间的互动和思想碰撞。学生应倾听他人的观点，尊重不同意见，并学会从他人的经验和见解中获得启发。

【项目评价】

序号	评价指标	评价内容	分值	自评	互评	教师评
1	知识与能力指标	能够用自己的语言简洁地解释广告的概念，准确无误地辨别不同类型的广告和复述广告的制作流程	6			
2		能够辩证地分析广告对广告主、设计师、消费者的不同作用	6			
3		能够赏析一则广告，准确判断其存在的不足之处	6			
4		通过合作学习，能够列出广告历史上的重要事件，并用时间轴形式呈现	6			
5		能够熟记岗位需求和行业规范，准确识别一项广告活动和作品是否符合法律法规	6			
6	过程与方法指标	通过有效地收集、整理、分析资料，能够从大量信息中提取关键点，具有逻辑性和条理性	5			
7		在合作学习中能有效分析广告案例，具备自主探究能力和批判性思维能力	5			
8		在小组交流讨论中具备交流、分享与表达能力	10			
9		熟练掌握 PowerPoint 软件制作技巧，能够设计出清晰、有条理的演示文稿	10			
10	情感态度与价值观指标	培养对广告创意和设计的审美能力，能够欣赏和理解不同风格和类型的广告	10			
11		具备批判性思维和分析能力，能够对不良广告有抵制和警惕意识，培养对市场营销和消费行为的理性认知，避免盲目跟风和过度消费	10			
12		培养对本土文化和传统的尊重与保护意识，具有民族自豪感和文化自信	10			
13		具备良好的职业道德和诚信意识，遵守行业规范和法律法规；具备社会责任感，关注广告对社会、环境和公众利益的影响，并具有提倡可持续发展的广告实践观	10			
		总分	100			

项目二 广告调研策划

项目导入

　　广告调研策划在现代广告活动中占有核心地位，是广告活动科学化、规范化的标志之一。在本项目中，学生通过学习广告调研的概念、基本内容和方法，了解广告调研、分析、定位、战略、策略、评估等策划手段，明确广告任务的目标、形式、内容、预期效果等，完成广告调研报告、撰写广告策划书的任务。

项目目标

知识导图

1. 知识与能力目标

（1）能够根据流程图，阐述广告调研的基本概念和步骤。

（2）能够综合运用搜索工具和方法，收集和整理相关广告资料。

（3）能够熟练设计主题明确、环环相扣的调查问卷或访谈指南。

（4）能够辨别传播媒介之间的特点与优势，能够熟练选择合适的广告传播媒介。

2. 过程与方法目标

（1）通过团队合作，能够制订调研目标、调研内容、调研计划，利用合适的工具，有序开展问卷调查或访谈；能够运用市场分析工具，分析广告的特点与市场环境，比较竞争对手。

（2）通过团队合作，能够完成一份结构完整、要素齐全的调研报告，且能够准确表达调研结果并提出改进建议。

（3）能够分工合作完成广告策划任务，能够根据目标受众和调研结果制订合适的广告策略，能够考虑到项目预算和时间限制，制订合理的预算和时间表。

（4）能够掌握广告效果评估的基本方法和指标，能够进行客观评估并提出改进建议。

3. 情感态度与价值观目标

（1）培养对广告调研的重要性和必要性的认识，并积极主动开展调查研究。

（2）培养团队合作精神和分享精神，在小组合作中尊重他人观点、互相支持与协作。

（3）培养对创意和创新的重视与追求，鼓励积极尝试新颖、独特的广告策略和创意。

📝 项目案例：可口可乐

可口可乐碳酸饮料风靡全球，深受年轻人的喜爱，从 1884 年创立以来历经百年、长盛不衰，甚至成为"美国文化"的象征符号。可口可乐的成功离不开广告的重要作用，原可口可乐总裁伍德洛夫曾说："可口可乐 99.61% 是碳酸、糖浆和水，如果不进行广告宣传，那还有谁会喝它？"。可口可乐的广告形式也在不断革新，从招贴画、路牌广告、杂志广告到广播电视广告，其广告史就是一部美国广告的百年发展史。

1886 年在美国亚特兰大一间实验室，药剂师约翰·彭伯顿试制出了一种糖浆——这就是后来风靡世界的著名饮料可口可乐。早期的可口可乐广告以可口、清新、快乐、活力、消除头痛为品牌定位，后来药剂形象逐渐弱化。可口可乐十分注重广告宣传，从创业开始营业额为 50 美元，广告费为 46 美元，到如今每年的广告费用高达六七亿美元，广告成了可口可乐品牌占据市场的主要手段。

可口可乐十分注重广告宣传的时机。无论是第二次世界大战期间还是体育赛事期间，都可以看到可口可乐的广告宣传攻势。可口可乐在第二次世界大战期间的广告还有："美国生活方式的世界性标志——可口可乐"（1943 年）；"全球默认的好饮料"（1944 年）；"充满友谊的生活，幸福的象征"（1945 年）等。这些广告迎合了战争期间人们的情感需求，受到人们的喜爱，也使可口可乐走向世界（图 1、图 2）。可口可乐的体育营销已有近百年历史。1928 年，可口可乐用 1 000 箱可乐赞助了阿姆斯特丹奥运会，以后每届奥运会上都可以看到可口可乐的身影，成为世界上连续赞助奥运会时间最长的公司（图 3～图 6）。1996 年，奥林匹克回到可口可乐的家乡亚特兰大，可口可乐当然不愿意放弃这次好机会。

图 1　1914 年可口可乐海报广告

图 2　1931 年可口可乐海报广告

图 3　1931 年的《星期六晚报》杂志广告中可口可乐首次使用了圣诞老人

图 4　1945 年可口可乐海报广告

图 5　1946 年可口可乐海报广告

　　可口可乐善于将自己的文化本土化。在不同的文化背景、宗教团体和种族中采取分而治之的策略。例如，在可口可乐刚进入中国市场时，邀请中国明星阮玲玉代言品牌，拉近与国人的距离（图7）。又如，可口可乐公司的广告口号是"无法抓住那种感觉"，在中国为"请喝可口可乐"，在日本为"我感受可乐"，在意大利为"独一无二的感受"，在智利又改成了"生活的感觉"，"Coca-Cola"到了中国被翻译为"可口可乐"，符合中国文化，再由著名设计师陈幼坚设计，完成了本土化改造，可口可乐成功融入了中国人的生活（图8）。

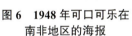

图6　1948年可口可乐在　　　图7　1927年阮玲玉为　　　图8　可口可乐中文标志
　　　南非地区的海报　　　　　　　可口可乐广告拍照

　　可口可乐十分注重品牌营销。从标志上可以看出，可口可乐品牌随着时代的发展在不断更新（图9）。2021年，可口可乐再次对品牌标志进行了更新，灵感来源于可口可乐的标志在瓶身上的弧度看上去像是在"拥抱"着可口可乐产品，因此推出了"拥抱"这一视觉标志以彰显拥抱多元文化、发现人性真谛的品牌精神。为了更好地彰显"拥抱"主题，可口可乐还邀请了艺术家及摄影师以"拥抱"标志和可乐瓶为主题进行作品的创作（图10）。

1886　　**1890**　　**1900**　　**1905**　　**1940**　　**1950**　　**1969**

1985　　**1987**　　**1993**　　**2003**　　**2007**　　**2021**

图9　可口可乐历年品牌标志

图 10 2021 年可口可乐海报广告

从包装的角度来看，可口可乐的瓶身依然保持经典造型，这一造型也成为可口可乐的品牌形象之一，深入人心（图 11）。可口可乐的瓶身设计灵感来自可可豆荚，事实上瓶身还有很多优点，例如，握住瓶子时，不会有滑落的感觉；所装的液体，看起来比实际分量要多；它弧形的别致外观，非常有辨识度，帮助可口可乐公司从饮料大战中脱颖而出，成了当时最有代表性的设计，后来这个瓶身虽然几经修改，有玻璃、塑料、铝等材质的变化，但依然保留着经典造型特征。

随着人们环保意识的增强，可口可乐已经连续 3 年被评为全球最大的塑料污染者了，根据相关统计，它一年生产的塑料瓶就能达到上千亿瓶，可口可乐意识到这个问题，并开始推出环保包装，改革瓶身（图 12）。例如，在瓶盖上加了个链接扣，使盖子和瓶身紧紧相连，这个设计可以使瓶盖在被拧下来之后依然和瓶身保持连接，在回收空瓶时，瓶盖就可以连同瓶身一起回收，而不是成为海滩或填埋场上的垃圾（图 13）。又如，可口可乐新研发的纸质瓶身，这款纸瓶包装，算是可口可乐公司纸质瓶可行性的初次尝试，从瓶盖到内壁保护膜都是可降解的环保材料，100% 可回收，瓶身内壁有一层可降解生物材料保护膜，不用担心饮料渗透或泄漏的问题。

图 11 可口可乐经典瓶身

图 12 可口可乐环保瓶盖　　　　图 13 随处可见的瓶盖

任务一　广告调研与分析

任务内容

学生以小组为单位，自主选择品牌或产品作为主题进行广告调研与分析活动。在教师引导下，确定调研内容、收集相关广告资料、分析广告特点、比较竞争对手、调查目标受众、分析市场环境、撰写调研报告、提出改进建议。同时，教师应鼓励学生团队合作、积极思考和创新，培养他们的研究能力和表达能力。

任务目的

通过深入了解市场和目标受众，以及对竞争对手的比较分析，为广告策略的制订和优化提供有力支持。

知识点链接

广告调研的概念、对象、流程及方法。

[知识点 1] 广告调研的概念

广告调研即对广告活动进行调查研究，是采用问卷、电话或单面询问的方式，从有代表性的调查对象中收集资料，再加以统计分析来认识其现象、规律，达到调查目的的研究方法。

广告调研的长期目的是规划企业或产品的宣传推广策略，分析其在推广、销售过程中的可行性；广告调研的短期目的是明确具体广告的策划思路，分析广告实施的可行性。

[知识点 2] 广告调研的对象

一、消费者调研

消费者调研是针对消费者的使用习惯和态度进行调查。具体来说，是从一定范围内的消费者中，抽取具有典型性、代表性的对象作为样本，直接询问对产品或企业的看法，用这些消费者的看法去推论全部消费者的意见。对消费者的调研主要包括人口学特征、生活方式特征、线上行为特征、线下行为特征、社交行为特征等。人口学特征，如性别、年龄范围、教育程度、收入、家庭状况、所属行业等；生活方式特征，如消费状况、消费习惯、购买力、消费地点偏好、饮食偏好特征、设备使用偏好等；线上行为特征，如网站浏览行为，邮件使用、搜索行为，App 类型选择和使用特征等；线下行为特征，如出行规律、商圈级别、差旅习惯、旅行目的地及酒店选择偏好等；社交行为特征，如社交人群、社交习惯、关注明星、关注影视等（图 2-1）。

通过消费者调研可以分析出与消费者相关的关键词，将这些关键词组合起来就得到了较为完整的消费者画像。数字化时代的消费者行为都可以被计算机记录并跟踪，基于对社会化媒体海量大数据的挖掘分析，我们可以对消费者做更细致入微地洞察。

人口学特征	生活方式特征	线上行为特征
•性别 •年龄范围 •教育程度 •收入 •家庭状况 •所属行业	•消费状况 •消费习惯 •购买力 •消费地点偏好 •饮食偏好特征 •设备使用偏好	•网站浏览行为 •邮件使用、搜索行为 •App 类型选择和使用特征

线下行为特征	社交行为特征
•出行规律 •商圈级别 •差旅习惯 •旅行目的地 •酒店选择偏好	•社交人群 •社交习惯 •关注明星 •关注影视

图 2-1　消费者调研

二、产品调研

产品调研是针对产品本身的调查研究，是对产品的功能、定价、个性化特点进行调查。产品可以是物品或服务。产品调研的目的是在产品的功能、定价、特色中寻求策划和设计的突破点，寻求合适的卖点。

三、企业调研

企业调研是针对产品生产者或服务者的调查研究，通过对企业经营理念、生产状况、企业愿景等方面的了解，对企业有全面的把握，深挖企业的特色，寻求广告卖点。

四、市场调研

市场调研是对市场上同类型企业或产品的调查研究，包括企业（或产品）形象、广告宣传、产品营销状况、消费者满意度等调查。

[知识点 3] 广告调研的流程

广告调研的流程大致可分为调研方案设计和调研方案执行两个阶段。第一阶段：调研方案设计包括确定调研目的和任务、制订调研计划、制订工作进度表、设计抽样方案和问卷。第二阶段：调研方案执行，包括实际抽样、以访谈或问卷方式收集资料、资料数据处理、分析调查结果、撰写调研报告（图 2-2）。

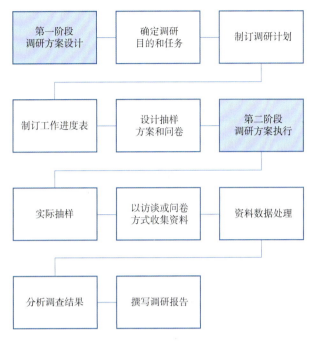

图 2-2　广告调研流程图

[知识点 4] 广告调研的方法

一、询问法

询问法是调查研究的基本方法，包括问卷、当面访问、电话访问等方式。

（1）问卷。问卷在调研中最为常见，它以一份精心设计的问题表格为形式来测量调查对象的态度与行为，获取与广告设计相关的信息。调查问卷形式多样，但结构基本统一，包括标题、封面及填写说明、问卷主体、问题及答案选项等内容（图 2-3）。

（2）当面访问。当面访问和电话访问都属于结构访问，是调查者依据结构式的调查问卷，向被调查者提出问题，并根据被调查者的回答在问卷上选择合适答案的方法。

当面访问是调查者与被调查者面对面交谈的一种方式，一般要严格按照预备好的问卷格式和顺序进行，调查者不能随便改变内容和先后顺序，也不可对调查者做出暗示诱导，必要的解释要统一口径。因为当面调查是面对面交谈，因此，调查者的作用相当重要，其不仅需要观察对象是否符合抽取样本，同时也可以提高回答率；还可以对一些特殊群体、身体有障碍者进行访问，这是问卷调查中无法做到的。

（3）电话访问。电话访问是调查者通过抽取样本上的电话号码进行逐一拨打电话的方式对被调查者进行访谈的方式。电话访问的长处是便捷，在不见面的情况下更能真实反映被调查者的想法。另外，随着互联网的普及，网络调查也成了重要的调查方式之一。但是网络调查也有所不及之处，如偏远山区居民、不会上网的老年人等对象就无法进行调查。因此，根据调查对象、调查主题、调查内容等来选择合适的调查方法至关重要。

图 2-3　企业调查问卷

二、抽样法

抽样法是在总体中抽取一个样本做研究的方法。在调研过程中，如果要完全将调查研究对象一一进行调查是很难做到的，因此需要选取有代表性的被调查者进行询问。

为了使样本具有典型性，掌握总体面貌，需要掌握基本的抽样技术。基本抽样方法是要先确定一个总体和抽样框，再制订抽样方案，然后实际抽样，最后对样本质量做评估。在对抽取对象进行调查时，需要将调查内容设计成问卷形式，通过设计具有信度和效度的问卷，获取最接近真实的信息。

苏格拉底曾经与他的弟子做过一个麦田实验，这是典型的抽样案例。有一天，苏格拉底的三个弟子向他请教：如何才能找到称心如意的伴侣？苏格拉底没有直接回答，而是将三个弟子带到一块麦田边，让他们在一块麦田中每人选一个最大的麦穗，条件是要从麦田的一边走到另一边，只能往前走不能往回走。大弟子刚走几步便摘了自认为是最大的麦穗（其实并不是最大的麦穗）；二弟子一开始就左顾右盼下不了手，总想也许后面有更大的麦穗，一直到终点时才发现，前面的几个大麦穗已经错过了；三弟子与两位师兄不同，他将麦田划分成三等分，先在 1/3 路程时画下认为比较大的麦穗，再在剩下的路程中反复比较，按照前面画下的最大标准摘下最大的麦穗，人们将此称为"麦穗效应"。

以上案例中，三弟子所使用的方法就是抽样法，先确定一个抽样总体（确定麦田的总面积）和抽样框（1/3 麦田的面积），再制订抽样方案（大麦穗的标准），然后实际抽样（在样本中选出最大麦穗），最后对样本质量做评估（是否选出了最大的麦穗）。这一调查方法就是抽样调查的雏形，根据规律、制订标准和行动计划，才能获取典型的被调查者。

三、统计法

调查取得的资料需要进行汇总，并作出分析，得出调查研究的结论，这是完成调查研究的必要环节——统计。在访谈结束后，需要对收集的数据进行整理和分析。首先需要检查资料是否完整、有效，特别是问卷的回收率是否达到了原来的估计，有多少问卷是不完整、不符合要求的，有些问卷的填写者可能不符合填写要求，如果时间允许，可以让被调查者重新填写，做出相应补充。

[知识点 5] 广告调研分析方法

调查活动结束后，调研者需将数据图表、分析等内容结合调研过程，归类、收集、整理成调研报告。调研报告的整理与收集在调研之初就已开始，包括文字、数字、问卷、样本、表格等。其中，通过实地实物观察、访谈、询问、问卷等获取到的资料需要通过定性分析法分析，通过测量、实验等方式获取的数据资料需要通过定量分析法分析。当然，在访谈、问卷中收集的设计资料中，也隐藏着许多信息，通过定量化之后也同样可以作为定量研究的材料。这里主要介绍两种比较实用的分析方法：SWOT 分析法和信息图分析法。

图 2-4 SWOT 分析法

（1）SWOT 分析法，即态势分析（图 2-4），将产品、企业作为分析对象，研究与之密切相关的因素，分析其内部优势、劣势和外部机会与威胁等，通过调查列举说明，并以矩阵形式排列，然后用系统分析的思想，将各种因素相互匹配加以分析，从中得出一系列相应的结论，而结论通常带有一定的决策性（图 2-5）。

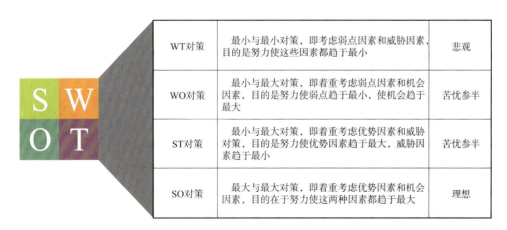

	WT对策	最小与最小对策，即考虑弱点因素和威胁因素，目的是努力使这些因素都趋于最小	悲观
	WO对策	最小与最大对策，即着重考虑弱点因素和机会因素，目的是努力使弱点趋于最小，使机会趋于最大	苦忧参半
	ST对策	最小与最大对策，即着重考虑优势因素和威胁对策，目的是努力使优势因素趋于最大，威胁因素趋于最小	苦忧参半
	SO对策	最大与最大对策，即着重考虑优势因素和机会因素，目的在于努力使这两种因素都趋于最大	理想

图 2-5 SWOT 两两因素匹配分析法

（2）信息图表分析法，是利用统计图表显示调研情况，并从各方面比较、分析和研究调查数据量的变化及其规律性的一种分析方法。这种方法可以将错综复杂的数据以清晰扼要的形式显示出来，可以使统计分析工作通俗化（图 2-6）。

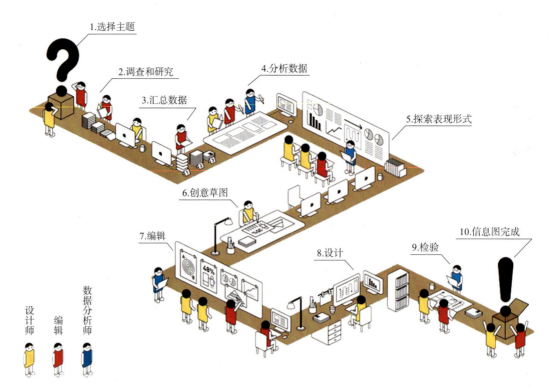

图 2-6 信息图制作流程

任务实施指南

视频：广告策划——市场调查的方法

1. 前期准备：

（1）组建小组：学生以小组为单位，每个小组由 3~5 名学生组成。确保每个小组选择不同的品牌或产品作为调研主题。

（2）确定调研目标：明确需要调研的企业、产品或品牌相关问题或主题，如市场竞争情况、目标受众需求、品牌知名度等。

（3）制订调研计划：根据调研目标，制订详细的调研计划，包括调研方法、样本选择、数据收集和分析等方面。确保计划具有可操作性和可衡量性。

2. 过程实施：

（1）搜集第一手资料：通过实地观察、访谈、问卷调查等方式，收集第一手资料。与目标受众交流，了解他们的需求和反馈；与相关人员进行访谈，获取行业内部信息；观察市场环境和竞争对手的活动等。

（2）搜集第二手资料：包括市场报告、行业分析、统计数据等。通过网络搜索、图书馆研究、专业媒体等途径获取信息，并对其进行筛选和整理。

3. 结果分析：

（1）数据分析与处理：对收集到的数据进行整理和分析。使用合适的统计方法和工具，提取有关信息并进行比较、分类和归纳。通过数据分析，揭示潜在的市场趋势和问题。例如，教师可以指导学生比较分析同一产品或品牌的竞争对手的广告。帮助学生识别各自的优势和劣势，并鼓励他们提出改进和突出的建议。

（2）结果解读与总结：根据数据分析的结果，对调研结果进行解读和总结。确定目标受众的需求和偏好，评估品牌或产品在市场上的地位和竞争力，并提取关键发现。

（3）提出建议与策略：基于调研结果，提出具体可行的建议与策略。针对问题或机会，提出改进措施和推广策略，以增强企业、产品或品牌的竞争力。

（4）分析广告特点：教师引导学生对收集到的广告进行细致分析。指导学生观察广告的形式、内容、创意、表达方式等方面，并引导他们思考广告对目标受众产生的影响和效果。

4. 撰写报告：

将调研过程、方法、数据分析、结论、建议等内容进行整理和撰写。报告以演示文稿形式呈现，应包括背景介绍、调研目标、调研方法、数据分析结果、结论和建议等部分，图文结合。

5. 改进提升：

（1）提出改进建议：引导学生基于调研结果，提出具体可行的改进建议。鼓励他们思考创意、传播渠道、目标受众定位等方面，并与公司或品牌整体战略相一致。

（2）教师辅导和评估：教师在整个调研过程中提供指导和辅导，并定期检查小组的进展。对学生的调研报告进行评估，并提供反馈和建议，促进学生的学习和成长。

任务二　撰写广告策划书

任务内容

学生以小组为单位，根据广告调研结果，撰写一份广告策划书，明确广告目标、目标受众，并制订传播策略、确定传播媒介、考虑预算和时间表及进行效果评估。

任务目的

通过撰写广告策划书，为广告活动的实施提供详细的指导和规划。

知识点链接

广告战略、广告策略、广告效果评估、策划书撰写。

[知识点1] 广告战略

广告战略是为实现广告活动的目标而制订的一系列计划和策略。与广告策略相比，广告战略是更高层次的战略性规划，而广告策略是更具体和操作性的实施策略。广告策略主要包括以下部分。

（1）广告目的：广告要达到什么目的，应该做什么？如通过广告活动传播和推广产品或品牌，实现品牌知名度提高、销售量增加、消费者态度改变和品牌价值增强等目的。

（2）战略操作：广告如何达到目标，怎样去做的策略？为了达到广告目标，需要制定适合的战略操作，包括市场分析、目标市场确定、广告受众明确、承诺和理由提炼、传播工具选择和传播频率设定等。

（3）广告预算：为达成广告目的所需费用，力争以最少费用达到最大效益。广告预算的制订需要考虑广告目的、市场需求、竞争压力、广告媒体选择、预算分配和效益评估等因素，确保费用控制和效益最大化。广告预算的根本原则是广告所需费用不得超过广告可能带来的效益。广告费用应计入产品成本。

通过合理的广告目的、战略操作和预算管理，可以实现广告活动的有效推广和目标。

小组讨论

1. 在制定广告战略时，最重要的因素是什么？为什么？

2. 广告战略中的目标受众是谁？如何确定目标受众，并针对他们制订有效的广告策略？

3. 广告战略如何与市场趋势和消费者行为变化相适应？对于新兴市场和目标受众，应该采取哪些策略？

[知识点 2] 广告策略

广告策略是在广告战略的指导下，制订某一次广告活动时的具体计划和策略。与广告战略相比，它更加具体，涉及广告的内容、创意、媒体选择、传播方式、时间安排等方面的决策。以下为一次广告活动中采取的广告策略。

（1）目标设定：明确广告策略的目标，如推广新产品、促销活动等。

（2）目标市场分析：了解目标受众的特征、需求和购买行为，确定针对性的广告传播方式和内容。

（3）选择广告媒体：根据目标市场的特点和预算，选择合适的广告媒体，如电视、广播、印刷媒体、互联网、社交媒体等。

（4）制订创意内容和传播策略：确定广告的创意和信息传递方式，以吸引目标受众的注意力并产生积极的反应。

（5）制订预算和资源分配：根据广告策略的目标和需求，制订合理的预算，并将资源分配到各个广告活动中。

（6）实施和监测：根据制订的广告策略，开始执行广告活动，并定期监测和评估广告的效果，及时调整和优化。

一、市场策略

市场策略侧重于市场营销层面，主要有市场细分、市场定位、广告促销和整合营销策略。

1. 市场细分

市场细分是指营销者通过调研，将产品市场划分为若干个消费者群，每个消费者群就是一个细分市场，每个细分市场中的消费者都具有相似的需求倾向。随着现代产品市场的快速发展，同类产品数量激增，同质化现象非常突出，很多产品具有同样功能和形态。这就需要广告设计师为其寻找彼此之间的"差别"，并将这种差别形象化为一种优势。

市场细分可以从消费者的人群特征、地理和心理进行分类。消费者人群特征细分包括年龄、性别、国籍、职业、家庭人数或教育水平等社会学特征。例如，洗发水产品根据不同年龄、不同性别人群消费者的洗发需求进行细分，有去屑、润发、养护、防脱等细分市场。地理细分是指根据地理特征划分受众，包括气候、文化、习俗、语言等。例如，可口可乐策划了符合国人文化习俗的中国传统节日广告，满足中国人的审美需求。心理细分是指根据特定消费者的偏好需求进行营销。例如，运动品牌会区分业余运动员和专业运动员的广告。

市场细分的依据来自市场调研的信息，例如，在访谈或问卷中询问消费者的需求，了解目前所做的营销工作是否满足了他们的需求，是否满足消费者目前的生活方式和行为习惯。

2. 市场定位

市场定位是在市场细分的基础上对目标市场进行选择。任何企业都不可能满足所有消费者的整体需求，而只能为自己的产品销售选定一个或几个细分市场，满足一部分消费者的需求，这就是市场定位。

按消费者的需求和满足程度划分，可将产品市场分为同质市场和异质市场。同质市场是指消费者对产品的需求有较多用心、消费弹性小、受广告影响不大的产品市场。一些生活必需品就是这一类型。异质市场则与同质市场相反，它是指顾客对同类产品的品质和特性具有不同的要求、强调产品的个性、消费弹性较大、受广告的影响较多的产品市场。绝大多数产品市场都属于异质市场。

市场定位不仅要考虑消费者的生理需求，还要考虑其心理需求。生理需求有一定的限度，而心理需求是变幻莫测的，但也具有一定的规律。因此，广告策划需要根据消费者生理和心理上的需求，根据企业自身的经营条件，将市场细分成许多子市场，然后再根据目标市场进行市场定位，制订企业的营销策略，并采取相应的广告策略。

3. 广告促销

广告促销是一种紧密结合市场营销而采取的广告策略，它通过附加利益的形式吸引消费者的兴趣，在短时期内收获广告效果。广告促销手段包括馈赠、文娱、中奖、公益等。

4. 整合营销策略

整合营销策略就像打一套组合拳，通过各种拳法的配合发挥广告的最大优势。它将"消费者为中心"导向贯彻于整个广告活动中。美国科罗拉多大学整合营销传播研究所，将整合传播的概念分为形象的整合、持续一致的声音、良好的倾听者、世界级公民四个层次。这种将公关、广告、促销、直效营销等传播工具融合在一起的整合营销是目前较易执行的方式，能让广告发挥更大的功效。

二、产品策略

产品策略着重于产品本身，突出产品的功效、品质、价格等特色。在广告中突出产品特异功效或独特卖点，使其与其他同类产品有明显区别，以增强选择性需求。例如，橘子一般以甜为卖点，而"丑八怪"就以"虽然我很丑，但是我很甜"作为广告语，突出丑这一特点。通过产品良好的品质进行宣传，如多芬（DOVE）香皂以"含114滋润成分"进行定位，以润滑皮肤作为广告的宣传重点。

三、心理策略

心理策略是指运用心理学原理来策划广告，诱导人们顺利完成消费心理过程，使广告取得成功。在广告中常用的心理学原理包括需要、注意、联想、记忆、诉求等。

1. 需要

需要是消费者进行购买活动的原动力。消费者根据需要进行选择和购买产品。广告活动要告知消费者这种产品的信息，而且要说明这种产品符合他们的需要。当消费者认识到产品符合他们的需要时才会购买。需要不仅包括实用价值的需求，还包括心理上的满足感、愉悦感。一方面广告要满足消费者的即时需要，还要通过对潜在需要的技法，使消费者产生新的物质欲求。成功的广告要掌握消费者的真实需求，激发消费者的潜在需求，并针对诉求的重点进行广告策划和创意。

2. 注意

注意是消费者接触广告的开始，注意到一则广告才能发挥广告的功效。在广告设计中有意识地增强广告吸引力，是重要的广告心理策略。广告引起消费者注意的方法有很多，主要有靠扩大空间面积，延长广告时间，运用系列广告增加曝光率，突出广告色彩，增强广告艺术感，使广告富有动感等。系列广告就是基于同一主题或同一风格而发展的超过一种以上的创意表现形式，具有完整性、连续性和独特性，能够增加广告曝光度，引起消费者注意，最著名的系列广告要数绝对伏特加系列广告。

3. 联想

联想能够使一则广告通过有限的时间和篇幅在消费者的思维中不断扩展，引起消费者对事物的兴趣，使消费者产生共鸣，形成购买动机和购买行为。

4. 记忆

记忆使消费者在购买产品时能记起广告内容，并起到指导选购的作用。要考虑不同的广告对象的记忆特点策划广告。要尽可能按照需要的、注意的、有趣的、形象的、活动的、联想的、易于理解的和反复的要求设计广告，使消费者留下深刻的记忆，便于回想。

5. 诉求

诉求是指外界事物促使消费者从认知到行动的心理活动。广告诉求就是告诉消费者有哪些需要，如何去满足，并敦促他们去满足需要而购买产品。广告诉求一般包括知觉诉求、理性诉求、情感诉求。广告心理策略实际上就是对这些诉求的灵活运用。

综上所述，消费者在广告活动中经历的心理过程包括：①诉诸感觉，唤起注意；②赋予特色，激发兴趣；③确立信念，刺激欲望；④创造影响，加强记忆；⑤坚定信心，付诸行动。

📖 小组讨论

广告战略中的差异化是什么意思？为什么差异化对于广告的成功至关重要？

视频：广告策划——广告定位方法

[知识点3] 广告效果评估

广告效果评估是为了了解消费者对广告的反应如何，包括消费者是否接触了广告？消费者是否了解了广告的内容？消费者是否记住了广告的内容？消费者是否对广告的产品产生了兴趣？消费者是否对广告的产品实施了购买行为？

广告效果评估有事前、事中和事后之分。广告效果测定方法包括实验法、问卷法对消费者进行广告效果的测定，也可以采用产品销售效果分析、市场占有率的变化描述、利润与利率变化比较。然而，影响广告效果评估的因素是相当多的，如降价促销、广告量不够、竞争激烈等干扰因素，在广告效果评估时要善于排除这些因素的影响，结合多种方法，多角度、综合评估，获得真实全面的结果，总结经验教训，为以后的广告活动提供有价值的资料。

视频：广告策划——创意策略方法

[知识点4] 广告策划书

广告策划书是对广告活动进行全方位谋划的计划书。其内容贯穿整个广告活动，包括市场调研、战略、策略、创意表现、效果预测和评估等内容，关系到广告活动的成败，乃至一个品牌和一个企业的兴衰，应该严肃、认真对待（表2-1）。

表 2-1　广告策划书的基本结构和基本规范

基本结构			基本规范
	封面		一份完整的广告策划书应该包括一个版面精美、要素齐备的封面，给读者良好的第一印象
	广告策划小组名单		在策划书中提供广告策划小组名单，可以向广告主展示广告策划运作的正规化程度，也可以表示一种对策划结果负责的态度
	目录		目录应该列举策划书各个部分的标题和页码，使读者能够根据目录方便找到想要阅读的内容
	前言		介绍广告策划的目的、过程、使用的主要方法、主要内容，使广告主可以对广告策划书有大致的了解
正文	第一部分 市场调查与分析	市场分析	对市场营销环境中宏观制约因素（包括宏观经济形势，市场政治、法律、文化背景）分析； 对市场营销环境中微观制约因素（市场营销渠道、竞争者、顾客、社会公众）分析； 市场概况（市场规模、市场构成、市场构成的特性）； 营销环境分析总结（机会与威胁、优势与劣势、重点问题）
		产品分析	对产品特性（性能、质量、价格、材质、生产工艺、外观、包装、与同类产品的比较等）分析； 对产品生命周期、品牌形象、定位分析； 产品分析总结
		消费者分析	消费者总体态势分析；现有消费者分析；潜在消费者分析；消费者分析总结
		竞争状况分析	企业在竞争中的地位（主要分析市场占有率、消费者认知、企业自身的资源和目标等）； 企业的竞争对手（了解分析主要的竞争对手是谁，竞争对手的基本情况、优势、劣势、策略等）； 企业与竞争对手的比较； 企业与竞争对手的广告分析及总结（分析竞争对手和企业自身分别在广告策略、定位、创意、表现、媒介、效果等方面的差异，并分析优势、劣势）
	第二部分 广告战略与策略	广告战略与策略制订	广告的目标（对广告目标的描述）； 广告目标市场（企业原来市场观点的分析与品鉴、市场细分、企业目标市场策略）； 广告定位（对企业以往的定位策略的分析与评价、产品定位策略）； 表现策略（广告主题、广告创意、广告表现内容）； 媒介策略（广告媒介的选择、组合策略、发布时机、发布频率）； 广告预算（创意费、设计费、制作费、媒介费、其他活动所需要的费用、费用总额）
	第三部分 广告效果预测和评估	广告活动的效果预测	广告主题测试；广告创意测试；广告文案测试；广告作品测试
		广告效果评估	广告媒介发布的监控； 广告效果的评估测定
附录	市场调查问卷 市场调查访谈提纲 市场调查报告		附录应该包括为广告策划而进行的市场调查的应用性文本和其他需要提供给广告主的资料

任务实施指南

1. 确定广告目标：根据广告调研结果，明确广告的目标和预期效果。例如，提高品牌知名度、增加销售量、改变消费者行为等。

2. 定义目标受众：根据广告调研结果，确定广告的目标受众群体。包括年龄、性别、地理位置、兴趣爱好等特征。了解目标受众的需求和心理特点，以便更好地制订策略。

3. 制定创意概念：基于广告目标和目标受众，进行创意概念的开发。思考如何吸引目标受众的注意力，激发他们的情感共鸣，并与品牌形象相一致。

4. 确定传播媒介：根据广告调研结果和创意概念，选择合适的传播媒介。考虑电视、广播、印刷媒体、互联网等渠道，并结合预算和效果评估进行权衡。

5. 制订传播策略：根据广告调研结果和传播媒介选择，确定广告的传播策略。包括广告内容、呈现方式、传播频次等。考虑如何在目标受众中传递核心信息，引起共鸣并促使他们采取行动。

6. 考虑预算和时间表：在制订广告策划书时，要考虑可用预算和时间限制。确保策划方案符合预算，并按照合理的时间表执行。

7. 进行效果评估：在广告投放后，进行效果评估。收集相关数据和反馈意见，并对广告的影响和效果进行分析。根据评估结果，调整和改进策略。

8. 撰写策划书：将以上步骤整理成策划书的形式。策划书应包括背景介绍、广告目标、目标受众分析、创意概念、传播媒介选择、传播策略、广告文案等内容。

【项目评价】

序号	评价指标	评价内容	分值	自评	互评	教师评
1	知识与能力指标	能够根据流程图，阐述广告调研的基本概念和步骤	8			
2		能够综合运用搜索工具和方法，收集和整理相关广告资料	8			
3		能够熟练设计主题明确、环环相扣的调查问卷或访谈指南	8			
4		能够辨别传播媒介之间的特点与优势，能够熟练选择合适的广告传播媒介	6			
5	过程与方法指标	通过团队合作，能够制订调研目标、调研内容、调研计划，利用合适的工具，有序开展问卷调查或访谈；能够运用市场分析工具，分析广告的特点与市场环境，比较竞争对手	10			
6		通过团队合作，能够完成一份结构完整、要素齐全的调研报告，且能够准确表达调研结果并提出改进建议	10			
7		能够分工合作完成广告策划任务，能够根据目标受众和调研结果制订合适的广告策略，能够考虑到项目预算和时间限制，制订合理的预算和时间表	10			
8		能够掌握广告效果评估的基本方法和指标，能够进行客观评估并提出改进建议	10			
9	情感态度与价值观指标	培养对广告调研的重要性和必要性的认识，并积极主动开展调查研究	10			
10		培养团队合作精神和分享精神，在小组合作中尊重他人观点、互相支持与协作	10			
11		培养对创意和创新的重视与追求，鼓励积极尝试新颖、独特的广告策略和创意	10			
		总分	100			

项目三 | 广告创意构思

项目导入

　　广告创意是依据广告策划的内容，通过一定的创意方法来创造与众不同的广告画面，从而使广告快速吸引消费者注意，达到宣传品牌与产品营销的目的。有些广告创意新颖，意料之外，情理之中，看似灵光一闪的点子，其实过程曲折复杂，我们看到的只是最后的结果，在作品的背后可能是广告创作人艰辛的付出。

　　在这一阶段，设计人员往往会为寻找一个好点子而冥思苦想，甚至到了废寝忘食的地步。这一阶段需要的时间可长可短，有时会在某个场景中突然迸发出思想的火花，有时可能会有"众里寻他千百度，蓦然回首，那人却在灯火阑珊处"的收获。当然，广告创意有一定的规律和方法可循。本项目包含四个任务：绘制思维导图，运用视觉修辞法、运用动态动词法、运用强制连接法绘制创意图。

项目目标

知识导图

1. 知识与能力目标

　　（1）能够读懂命题策略单，理解其中的要求，包括目标受众、信息传达重点等。

　　（2）能够理解视觉修辞法、动态动词法和强制连接法的概念。

　　（3）能够掌握广告创意设计的基本原则和方法，能够提出有针对性的创新想法并将其转化为实际图像。

2. 过程与方法目标

　　（1）能够独立收集素材和灵感，将其合理应用于广告创意设计中。

　　（2）能够运用逻辑分析方法来理解策略单中的要求，并从中提取关键信息。

　　（3）能够熟练运用创意方法，提出有针对性的创新想法，并绘制成创意草图。

　　（4）通过分工合作，能够明确每个成员的角色和任务，并通过有效地沟通与协作解决问题。

3. 情感态度与价值观目标

　　（1）通过本项目的学习，能够主动学习和探索新知识与新技能。

　　（2）通过小组合作完成任务，学会尊重他人观点、倾听他人意见，在集体决策中发表自己的看法，同时也体会到团队协作的乐趣和成就感，培养解决问题的能力和适应变化的能力。

　　（3）通过运用不同的创意方法，形成良好的创新思维和审美意识。

　　（4）在项目中遇到问题时，学会寻找解决方法，培养面对挑战时的积极态度和坚韧精神。

📝 项目案例：绝对伏特加广告

绝对伏特加（Absolut Vodka）是世界知名的伏特加酒品牌。虽然伏特加酒起源于俄罗斯，但是绝对伏特加却产自一个人口仅有 10 000 的瑞典南部小镇奥胡斯（Ahus）。1992 年，绝对伏特加与可口可乐和耐克并肩进入美国营销名人堂（Marketing Hall of Fame），且是这仅有的三大品牌中，唯一没有投放任何电视广告的一家。在电视广告大肆流行的 20 世纪八九十年代，仅靠以"ABSOLUT-"为主题的瓶型广告纸媒营销便能做到同等知名度，几乎是不可能完成的奇迹。2021 年，绝对伏特加全球销量达 1 170 万箱（9 公升箱），是名副其实的世界第二大伏特加品牌。让我们一起来看一看绝对伏特加是如何在美国纸媒广告辉煌年代引领潮流艺术和时尚创意的。

绝对伏特加通过酒瓶造型做了大量的广告，运用了修辞格法、强制连接法、动态动词法等创意方法，将产品、场景、节日、艺术等与酒瓶造型结合，创造出如绝对艺术、绝对物品、绝对城市、绝对时尚等丰富多彩的系列创意广告，既具有艺术美感，又具有商业价值。

第一则绝对伏特加广告在酒瓶上加了天使光环，标题文案为"绝对完美"（图1）；第二则绝对伏特加广告在瓶身上添加了一对天使翅膀，标题文案为"绝对天堂"。这两则广告都用了修辞格法，将酒瓶用拟人化的方式让画面变得生动有趣（图2）。

图 1　绝对完美　　　　　　图 2　绝对天堂

在绝对城市系列广告中，酒瓶结合各种城市场景成为绝对伏特加的经典创意。其中，"绝对洛杉矶"用一座泳池与酒瓶结合，于是就有了"绝对迈阿密""绝对日内瓦""绝对北京""绝对香港""绝对曼谷"等绝对城市佳作（图 3～图 8）。

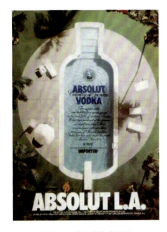 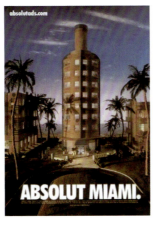 

图 3　绝对洛杉矶　　　　图 4　绝对迈阿密　　　　图 5　绝对日内瓦

图6 绝对北京   图7 绝对香港   图8 绝对曼谷

在绝对艺术系列广告中，波普艺术家安迪·沃霍尔（Andy Warhol）为绝对伏特加酒瓶作画，并制作广告，塑造了一个全新的伏特加形象（图9）。之后，与绝对伏特加签约作画的大小艺术家多达300余位（图10、图11）。

伴随无数以"ABSOLUT-"命题的创意作品，绝对伏特加的瓶型及印刻在瓶身上的铭文留下了恒久的印记。以至，人们可能会从它的创意广告中，一眼辨认出隐身在其中的这个"瓶子"。它做到了让广告成为一种艺术杰作：人们专门找到杂志上登载绝对伏特加广告的那一页，裁剪下来精心收藏。今天，在eBay上，你还可以找到20世纪80年代的绝对伏特加广告藏品。这个标志性品牌设计的每个元素，都已经成为品牌资产的重要组成部分。

2021年，绝对伏特加进行了品牌升级，最大的变化是舍弃了手写体的铭文，增加了纸质标签，保持不变的是酒瓶的形状和标志性字体。口味系列广告的巧妙构思，是在瓶子背面使用大面积的彩色笔刷，让消费者从远处也很容易在货架上发现想要的口味。但在近距离观看时，会发现彩色是透过澄澈的酒液映到正面，伏特加纯净、透明的质地便一览无余。同时，在背景的掩映下，正面白色的诗句铭文，如同酒瓶上的花纹，更添意趣（图12）。

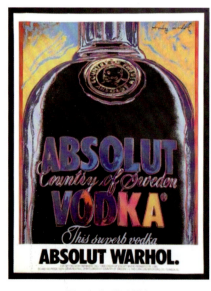
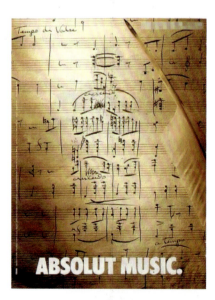
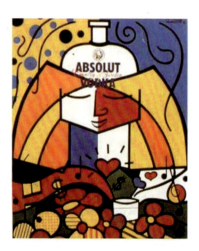

图9 绝对沃霍尔   图10 绝对音乐   图11 绝对布里托

图 12 2021 年绝对伏特加包装广告

任务一　绘制思维导图

任务内容

学生以小组为单位，自主选择品牌或产品作为主题绘制思维导图，可以延续调研时的主题，以保持主题的连贯性。

任务目的

通过绘制思维导图，培养学生的创意性思维，提高学习和工作效率。

知识点链接

思维导图的概念、结构框架、案例剖析。

[知识点 1] 思维导图的概念

思维导图（Mindmap）是聚焦某个中心话题，逐步向外发散思路的一种工具。具体来说，思维导图是从中心名词出发，通过文字、色彩、线条、图形符号等元素快速衍生出相关图形与概念。思维导图有助于全面、快速探索主题领域。无论是生活、学习还是工作，都可以利用思维导图进行自我整理、记忆整理、框架构建。思维导图可以利用色彩、线条、关键词、图像等视觉符号将思维过程可视化，增强记忆；绘制过程激发大脑发散性思维；训练逻辑思维，通过清晰的结构、分明的层次方便对信息的组织和管理。

理论思考

思维导图适用于哪些情境和领域？为什么？

[知识点 2] 思维导图的结构框架

一、圆圈图

圆圈图（Circle Map）主要用于把一个主题展开，联想或描述细节。它有两个圆圈，里面的小圆圈是主题（主题可以使用词语、数字、图画或者其他标志或象征物来表示），而外面的大圆圈里放的是和这个主题有关的细节或特征。它有两个作用：定义一个中心主题所涵盖的事物、特征；通过细节、特征，归纳提炼中心主题（图 3-1）。

图 3-1 是从小圈到大圈，即对一个事物展开调查，例如，以研究或调查"沙滩"为主题，联想和列举与沙滩有关的事物，如阳光、椰树、墨镜等。与农场有关的事物，如奶牛、马、羊、猪等动物——放入大圈中（图 3-2）。应用这个模式也可以进行反向使用，以帮助归纳主题，如苹果、蓝莓、猕猴桃、樱桃、柠檬等可以归纳为水果，飞机、大巴、热气球、轮船等可以归纳为交通工具，剪刀、铅笔、书本、书包等可以归纳为文具（图 3-3）。凡是从细节特征到主题的思考过程，都可以借助圆圈图工具展开联想。

图 3-1　圆圈图的基本结构

图 3-2　圆圈图联想范例

图 3-3　圆圈图联想练习

二、气泡图

气泡图（Bubble Map）通常用于定义事物的属性或相应的联系，主要是使用形容词或形容词短语来描述物体。在画气泡图时，一般在中心圆圈内写下被描述的物体，外面圆圈内写下描述性的形容词或短语。气泡图可以帮助设计者梳理信息、描述事物（图 3-4）。

气泡图与圆圈图的区别在于，气泡图是对一个概念的各个特征描述进行分别提炼后的条理化展示，而圆圈图强调的是一个概念的内涵和外延。很多人对于如何使用圆圈图和气泡图有一些困惑，常常感觉两个不太好区分。其实，两者还是有区别的。气泡图在圆圈图联想和发散的细节基础上：一是进行了分类，表现为从中心发出的各个小气泡，每个气泡都代表了一类细节或特征；二是每个气泡中，都是对细节或特征的一次总结归纳。经常应用气泡图，可以锻炼思维的逻辑性和秩序感。例如，图 3-5、图 3-6 所示《我眼中的自己》，利用气泡图从姓名、年龄到爱好、特长、理想、家人等，完整而有条理。又如娃哈哈果汁饮料，用气泡图标识产品的口味、场景、产地、营销手段、营养成分等（图 3-7）。

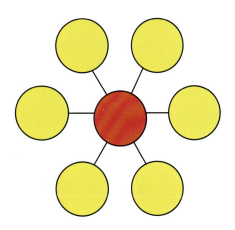

图 3-4　气泡图的基本结构

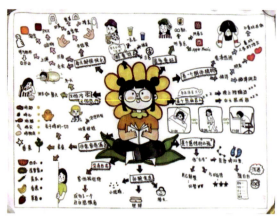

图 3-5 学生思维导图作业《我眼中的自己》（一）

图 3-6 学生思维导图作业《我眼中的自己》（二）

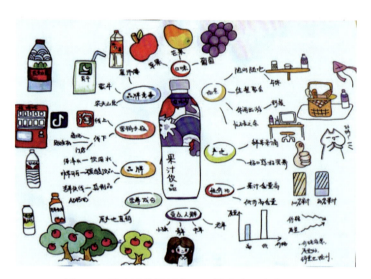

图 3-7 学生思维导图作业《娃哈哈果汁饮料》

三、双重气泡图

双重气泡图（Double Bubble Map）是气泡图的加强版，就是有两个气泡图，每个气泡图分别描述不同的分主题，再对两个分主题做比较和对照，找到它们的差别和共同点，而共同点则可以成为两个主题共同的气泡（图 3-8、图 3-9）。

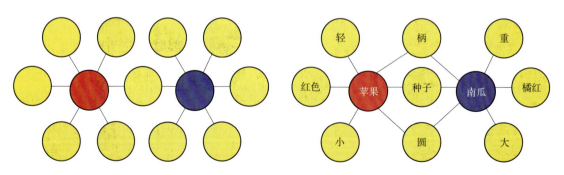

图 3-8 双重气泡图的基本结构　　　　　**图 3-9 双重气泡图范例**

四、流程图

流程图（Flow Map）主要用于描述一件事情的各个过程，包括发生顺序、时间过程、步骤等（图 3-10）。绘制流程图时，通常是在最大的方框内，先写好这个事情的主题，然后用小方框描述完成这个事情所需要的每个步骤，并且用箭头将这些步骤联系起来。设计者可以用流程图从先后顺序的角度去分析事物的发展与内在联系。

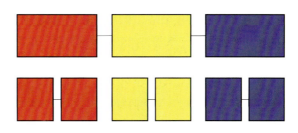

图 3-10　流程图的基本结构

我们所熟知的生命周期就是一种典型的流程图，只不过是封闭循环的。流程图可以用来帮助设计者有序思考（图 3-11 ～ 图 3-13）。

图 3-11　小麦生长的流程图

图 3-12　乌龟孵化生长的流程图

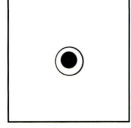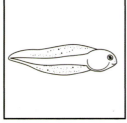

图 3-13　蝌蚪到青蛙的流程图

五、多重流程图

多重流程图（Mulit-Flow Map）主要用来描述一个事物的因果关系（图 3-14）。绘制多重流程图时，首先定义核心方框，描述这个事情，之后再在左边方框描述事件产生的原因（用箭头指向核心方框），右边填写事件的结果（用箭头从核心方框引向结果方框）。多重流程图可以帮助设计者分析一个事件产生的原因和它导致的结果。

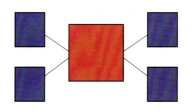

图 3-14　多重流程图的基本结构

六、括号图

括号图（Brace Map）多用于分析事物整体与局部的关系（图3-15）。一般在图的左首写上主题，然后放一个大括号，囊括这个主题的主要部分，之后对每个部分用一个括号再描述细节。

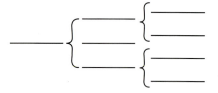

图3-15　括号图的基本结构

七、树状图

树状图（Tree Map）主要用来对事物进行分组或分类。在最顶端，写下被分类事物的名称，下面写下次级分类的类别，依此类推。对于复杂的主题，类似植物和动物分类等，借助树状图，可以帮助设计者更好地归纳和分析主题（图3-16）。

以上就是思维导图的一些基本结构，希望同学们可以在接下来的策划、创意过程中运用到实际中。

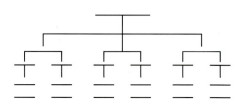

图3-16　树状图的基本结构

理论思考

思维导图如何帮助设计者组织和整理信息？请分享一个实际的例子。

[知识点3] 思维导图案例剖析——以气泡图为例

（1）画中心主题：将主题画在纸的中央，主题可以用关键字和图像来表示。

（2）画主干：主干是从中心主题延伸出来的几条分支，是大的分类。主干线条要粗。

（3）画支干：支干是从主干延伸出来的分支，是小的分类。支干线条要细于主干。支干上列出更详细的要点。注意，不要强迫自己用一定的顺序和结果来罗列要点，尽可能自然地将他们用"关键词"的方式表达出来。

（4）画插图、视觉符号：插图最好画在最需要记忆或需要特别提醒的位置，以达到方便记忆、利于提醒的目的。

整个绘制过程可以使用纸笔，也可以使用相应软件进行创意。如果使用纸笔，则需要准备白纸和各种颜色的笔。完全空白的纸适合大脑不受任何拘束地进行思考，最好是横向使用。相比黑白，彩色的文字和活泼的图案更容易被记住。

另外，在绘制思维导图的过程中要注意逻辑性，逻辑关系有总分、主次、并列、递进、因果、虚实等。思维导图的线条要彼此相连并保持洁净。每一个分支使用不同的颜色。每一条线上只能放一个关键词。

小组讨论

1.在绘制思维导图时，遇到了哪些困难？如何克服它们？

2.你是否尝试过与他人共享思维导图？分享一次共享经验。

3.还有哪些方法或技巧可以进一步优化和发展思维导图的应用？

任务实施指南

1. 主题确定：明确要表达的主题和目标，确保思维导图的焦点清晰。

2. 素材收集：收集与主题相关的素材和信息，包括关键概念、观点、事实等。

3. 结构选定：根据主题和收集到的素材，选定思维导图的结构框架。如气泡图、圆圈图、流程图等，确定中心主题，并设计与之相关的主要分支和子分支。

4. 导图绘制：使用纸笔或电子工具，在思维导图上逐步填充内容。将中心主题放在中心位置，根据结构框架，逐级添加分支和子分支。

5. 审查与修改：仔细审查已绘制的思维导图，检查逻辑关系是否清晰、内容是否准确完整。根据需要进行修改和调整。

6. 分享与使用：将思维导图分享给他人，用于演示、交流或合作。同时，也可将思维导图用于自己的学习、总结和工作中，帮助整理知识和提高效率。

任务二　运用视觉修辞法绘制创意图

任务内容

学生以小组为单位，选择专业竞赛命题作为主题，读懂命题策略单，合理运用视觉修辞法绘制创意图。

任务目的

通过命题训练，培养学生的广告创意设计能力，学生将有机会参与专业竞赛命题，运用策略单进行创意设计。同时，学生还将深入了解广告行业和设计领域面临的挑战与机遇，培养团队协作能力、交流展示能力，为未来在广告领域或相关行业中的职业发展打下基础。

知识点链接

视觉修辞法的概念、类型、案例剖析。

[知识点1] 视觉修辞法的概念

修辞（Rhetorical Figures）是文学中的概念。在文学中运用比喻、双关、夸张、拟人、矛盾、典故等方法，语言文字更具诱惑力、说服力与美感。在视觉文本中也可用视觉修辞的方法，使图形、图像具有一定的意指，更具劝服功能。将比喻、拟人、对比、夸张、双关、类比、借代、矛盾、省略等修辞方法用到图形图像等视觉语言中，能够帮助设计者激发图形创意灵感，创造出意想不到的作品。例如"汽车动力好"，经过比喻后成了"汽车动力就像犀牛一样狂野"，运用这种语言文字，更具有说服力和诱惑力；同样可以将比喻的修辞方法运用在图形上，如将发动机替换成犀牛、马，这样更具有冲击力、生动性（图3-17、图3-18）。

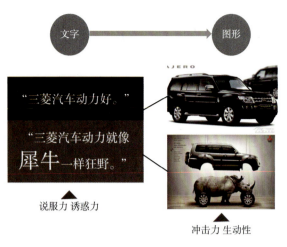

图 3-17 三菱汽车视觉修辞法运用案例　　　　**图 3-18 2009 年三菱帕杰罗汽车广告**

[知识点2] 视觉修辞法的类型

一、比喻

比喻就是打比方，即两种不同性质的事物彼此有相似点，便用一种事物来比方另一种事物的一种修辞方法。

"小人鱼公主的皮肤像玫瑰花瓣一样光滑娇嫩，那双蔚蓝色的眼睛就像是最深的湖水。"这是《安徒生童话》中描述小人鱼公主的句子，将皮肤比喻成花瓣，眼睛比喻成湖水，这段文字立刻变得生动有趣。常言道"人怕出名猪怕壮"，人出名就好像猪养胖了准备被杀来吃一样可怕。这个有趣的说法同样用了比喻的修辞方法。

在视觉上，比喻可以化无相为有相，将抽象概念用具体事物表现出来，例如，人美得像仙女，火力大得像牛，热情得像把火。再如图3-19所示为苏黎世室内乐团广告："鸡皮疙瘩""心跳""眼泪"，汗毛耸立得像绷紧的琴弦，心跳快得像在打鼓，眼泪止不住如同鼻子在吹奏。这则广告寓意音乐与人产生共鸣，震撼人心。

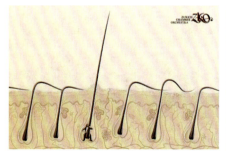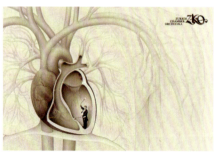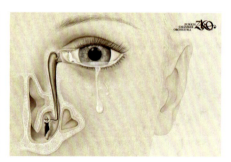

图 3-19 灵智整合行销传播集团（Euro RSCG）为苏黎世室内乐团设计的广告

图3-20所示为奥林巴斯E3相机广告《世界上最快的自动对焦》，运用了比喻的修辞手法，将相机比喻成笼子，说明该相机能捕捉到逼真的豹子，体现相机的高清性能。

图3-21所示是2018年格雷广告公司为MAKE-A-WISH品牌设计的公益广告《公主、仙女、海豚》。这则广告旨在呼吁满足重病儿童最特别的愿望，因为"有时候最好的药物是希望"。许愿不是最后的愿望，而是一个持久的愿望。对于许多生病的儿童来说，许愿是他们康复的转折点。遇

到一位公主或一位体育英雄，这些经历变成了希望，希望给儿童带来的好处和药物一样，都是积极健康。

图 3-20　奥林巴斯 E3 相机广告《世界上最快的自动对焦》

图 3-21　2018 年格雷广告公司为 MAKE-A-WISH 品牌设计的公益广告《公主、仙女、海豚》

二、夸张

　　夸张是为达到某种表达效果的需要，对事物的形象、特征、作用、程度等方面着意扩大或缩小的修辞方法。李白在《望庐山瀑布》中写道："飞流直下三千尺，疑是银河落九天"就是夸张的手法。在视觉语言中，设计师通过夸大事物的特征，让客观的事实变得更鲜明，如图 3-22 所示的为凡士林创作的广告。

图 3-22　所示为德国柏林迈阿密广告学校为凡士林设计的广告 *The Cracked Paintings*
（《裂纹绘画》）

　　图 3-23 所示为泰国 IPG 广告公司为三得利在泰国生产的微糖茶（Tea Plus）所创作的广告，标题是（Less sugar,more tea）《更少糖分，更多茶叶》，画面以少量白糖和巨量茶叶，再现了壮观的富士山和经典浮世绘《神奈川冲浪里》，令人叹为观止。

图 3-23　泰国 **IPG** 广告公司为三得利在泰国生产的微糖茶（**Tea Plus**）创作的广告
Less Sugar，More Tea（《更少糖分，更多茶叶》）

　　然而，夸张需要与虚假广告做区别，成功的夸张必须尊重客观事实，在凸显事实、渲染效果的同时又要保证不误导消费者，避免广告效果过于夸大不实失去消费者的信任。

三、对比

　　对比是把具有明显差异、矛盾和对立的双方安排在一起，进行对照比较的表现方法。例如，大和小、长和短、黑白和彩色、粗糙和光滑等。又如诗人白居易形容杨贵妃"回眸一笑百媚生，六宫粉黛无颜色。"意思是说杨贵妃回头笑一下，能让后宫三千佳丽都黯然失色，没有一个称得上漂亮了。比较能带来聚焦的视觉效果，如同在主题上打光，所谓"绿叶衬红花""夜黑衬月明"就是这个道理。爱比较是人的天性，人们喜欢将相反或相似的两个事物主动拿来做比较，所以用对比法创作作品往往观众一看就能懂。

　　图3-24所示为博朗剃须刀广告《进化》。2008年BBDO广告公司为博朗剃须刀品牌设计了这则充满对比、幽默风趣的广告，突出剃须前与剃须后的巨大差异就如同人类的进化一样。

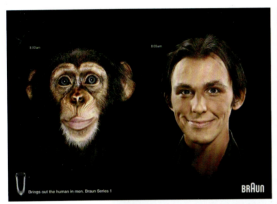

图3-24　博朗剃须刀广告《进化》

四、反讽

　　反讽又称反语，是说话或写作时一种带有讽刺意味的语气或写作技巧。反讽可以理解为口是心非，或者将想表达的意思用相反的话说出来，具有讽刺意味，犀利而幽默。在视觉语言中，一种常用的手法是将画面所表达的意思与真正要传达的信息截然相反。通过这种反讽的方式，受众在同时接收两种矛盾的信息后，会被激发思考的欲望。他们会深入思考画面背后的含义，尝试理解其中的隐喻和象征。这个思考过程会激发他们对海报的本意产生认同，并加深对广告主要传达信息的记忆和共鸣。这样的视觉策略能够引起观众的兴趣和注意，并激发他们主动参与和思考，从而实现更深层次的沟通效果。另外，反讽也可用来损毁我们对某些事物的既定认知，颠覆原有的形象，达到幽默讽刺的视觉效果。图 3-25 所示为加拿大 Traffik 为 WWF（世界自然基金会）设计的公益广告。这则广告通过反讽的手法，引发思考，呼吁加拿大公民采取行动，在水与土地接触的海岸线捡拾垃圾，不要让垃圾代替了可爱珍贵的动物。

图 3-25　加拿大 Traffik 为 WWF（世界自然基金会）设计的公益广告

五、比拟

在语言学中，比拟是把一个事物当作另一个事物来描述、说明的手法。比拟包括把物当作人来写的拟人和把人当作物来写的拟物。例如"凤仙花仰起了红彤彤的笑脸，尽力发出香气。"这是陈伯吹《一只想飞的猫》中的一句话，通过对凤仙花的拟人化，赋予其性格，句子变得生动形象。

在视觉语言中，拟人具有同样的作用，将物体增加人的表情、动作、性格，想象如果它是人，他会怎样想、怎样做。例如"地球生病了""地球发烧了"，我们就可以为地球加上五官、四肢，模拟人发烧时量着体温的场景，以此来表现地球环境受破坏的抽象概念。拟物是把画面中人的整体或局部变成物，例如，心的碎片漫天飞舞，借用玻璃、落叶、纸张这些具有易碎、可撕的东西来表现人们内心的脆弱。

图 3-26 所示为 2019 年 MDI Digital 与 Euro RSCG 合作为苏黎世 Ristorante 餐厅设计的广告《新鲜食材》。这则广告画面中胡萝卜和洋葱已经等不及要下锅了，通过拟人的手法表现出食材的新鲜。

图 3-27 所示为 2008 年格雷（Grey）广告公司为 Aquafresh 牙刷品牌设计的广告《超弯曲》。这则广告用了拟物的手法，将练瑜伽的人比拟成牙刷，体现牙刷使用的材质质地柔软。

图 3-26　2019 年 MDI Digital 与 Euro RSCG 合作为苏黎世 Ristorante 餐厅设计的广告《新鲜食材》

图 3-27　2008 年格雷（Grey）广告公司为 Aquafresh 牙刷品牌设计的广告《超弯曲》

[知识点3] 视觉修辞法的案例剖析——以布宜诺斯艾利斯自行车系统广告为例

一、视觉修辞五步法

第一步：确定诉求点。根据前期调研、定位，绘制思维导图，找到一个合适的创意点作为诉求点。

第二步：选择修辞方法。在比喻、拟人、夸张、对比、比拟的修辞方法中选择一种或多种进行尝试。

第三步：修饰诉求点。可以先利用语言文字进行修饰。

第四步：文字转图形。从语言文字到图形的转化需要考虑原事物在形状、色彩、材质、功能、内涵的变化。

第五步：绘制创意稿。根据前几步的设想绘制创意稿（图3-28）。

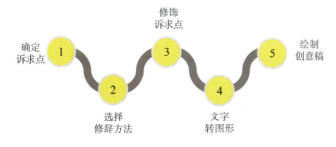

图 3-28　视觉修辞五步法

接下来通过一则案例，进一步理解视觉修辞五步法。首先是自行车骑行的特点有出行便捷、低碳环保、安全、操作简单等，自行车服务的特点是24小时（图3-29）。那么这个24小时服务很普遍，怎样围绕这个点把它做好呢？我们看到有两个层次：第一个层次是好像车轮一般不停地滚动，第二个层次是像孩子追着奶水般永不停息，这就是一种更形象化、更生动的比喻（图3-30）。然后把孩子的形象、乳房的形象和自行车的轮胎进行融合，变成了如图3-31所示的图形，再经过艺术化的表现手法，把孩子追着奶水这种紧追不舍的样子表达出来，形成了这样一幅不可多得的佳作。又如飞蛾追灯泡、松鼠追着松果、狗追着自己的尾巴，如图3-32所示。

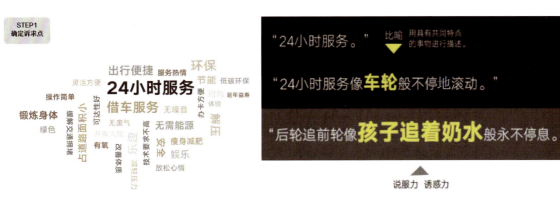

图 3-29　自行车服务系统特点汇总　　　　图 3-30　24小时自行车服务文字修辞步骤

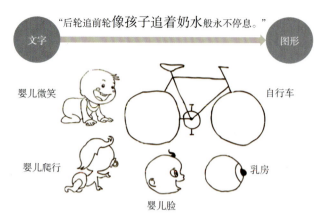

图 3-31　24 小时自行车服务文字转图形步骤

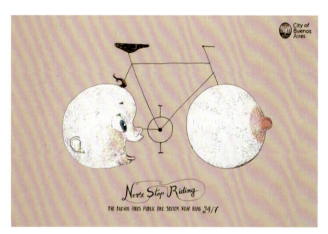
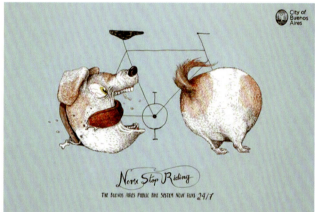

图 3-32　2015 年布宜诺斯艾利斯自行车服务系统广告 *Never Stop Riding*

二、视觉修辞五步法练习

从表 3-1 中选择自己喜欢的概念，分别对一个具象概念和一个抽象概念进行修辞法的创意训练。
每个概念需要发散出 10 ～ 15 个新概念，随后画出新概念图稿。

表 3-1　视觉修辞五步法练习表

具象概念	抽象概念
茶壶	奋斗
眼睛	规则
狗	魅力
房子	克隆
树叶	快乐
灯泡	光
手	梦
鱼	创意
鸡蛋	风
玻璃	权力
钥匙	低碳
刀	机会

任务实施指南

1. 选择命题：首先，学生小组需要选择一个专业竞赛命题作为广告创意的主题。这可以是一个特定的产品、服务或品牌，或者是一个行业相关的挑战或问题，广告类型可以是公益广告也可以是商业广告。

2. 读懂策略单：学生小组需要仔细阅读和理解提供的策略单。策略单将包含关于目标受众、品牌定位、传达信息和目标等方面的重要信息。确保每个小组成员都对策略单的内容有清晰的理解。

3. 运用视觉修辞法：学生小组需要在广告创意中合理运用视觉修辞法。视觉修辞包括比喻、夸张、反问、排比等，可以增强广告的吸引力和说服力。根据策略单中提供的信息和目标受众的特点，选择适当的视觉修辞，并在广告创意中巧妙地应用它们。

4. 绘制创意稿：学生小组可以开始进行广告创意设计和绘制。团队成员可以集思广益，共同讨论和发展创意，并将其转化为可视化的广告图。创意设计应该与策略单中的目标和信息相一致，并能够吸引目标受众的注意力。

5. 评估和完善：学生小组需要评估他们的创意广告，并进行必要的修改和完善。可以通过小组内部讨论、同行评审或导师指导等方式来收集反馈意见，并根据反馈意见进行改进。

6. 效果呈现：学生小组需要准备最终的广告创意展示，可以通过口头演讲、海报展示、PPT 演示等形式来呈现创意广告。确保展示能够清晰地传达创意和策略，并向观众解释创作背后的思考和决策过程。

7. 反思和总结：在任务完成后，学生小组应该进行反思和总结。回顾整个创作过程，讨论团队合作的优点和挑战，以及从中学到的经验教训。

任务三　运用动态动词法绘制创意图

任务内容

学生以小组为单位，选择专业竞赛命题作为主题，读懂命题策略单，合理运用动态动词法绘制创意图。

任务目的

通过动态动词法的训练，学生能够充分观察、理解、掌握事物发展、变化规律，拓展思维多样性，提高视觉表达能力和激发创造力。

知识点链接

动态动词法的概念、步骤、练习。

[知识点1] 动态动词法的概念

动态动词法是由发明头脑风暴法的亚历克斯·奥斯本（Alex Faickney Osborn）提出的，是将动词加在一个核心概念上，如放大、缩小、延展、压缩、重组、变形、相反、组合等，每一个动词都让核心概念在结构上、视觉上发生了对应的变化，使设计师可以就最初的核心概念快速做出多种新奇有趣的变形，从而得到更多的灵感，如图3-33所示。

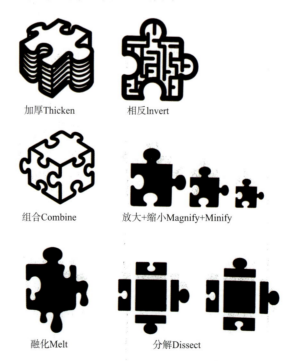

加厚Thicken　　　　相反Invert

组合Combine　　　　放大+缩小Magnify+Minify

融化Melt　　　　分解Dissect

图3-33　运用动态动词法对拼图进行创意

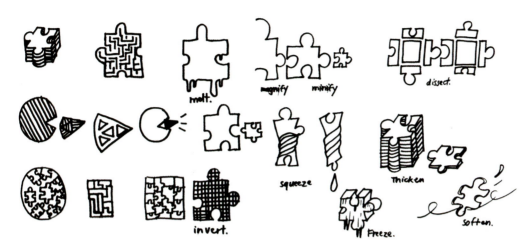

图 3-33　运用动态动词法对拼图进行创意（续）

［知识点 2］动态动词法的步骤

第一步，选择核心词。动态动词类似于时间、地点、人物的扩词游戏，对一个核心词进行扩展，可以得到一个含义丰富的句子。核心词是由思维导图中提炼出来的，能代表主题概念的人、事、物。核心词所蕴含的隐喻需要是人人都熟悉的概念和意向，如绿树代表环保、鸽子代表和平等，这些常规概念和意向往往是良好视觉沟通的基础。

第二步，将一系列的动词套用在这个核心词上，快速画出一些图，除一些常用动词，如放大、缩小、拉伸、挤压、扭曲、旋转、重组、解构、增加、减少等外，还可使用一些不常用的动词，如融化、分解、爆破、粉碎、压榨等，注意不要在意图的美丑，或在一个概念上花费太多时间，尽快把清单过一轮。

第三步，回头看看自己所画的东西，是否在原有的常规概念上画出了新花样？是否用新方法解决了一些常见的问题？从中找出最棒的点子，然后继续往下发展。

［知识点 3］动态动词法的练习

通过表 3-2 的结构形式，从中选取不同的词，两两组合，画出图形，再分别研究新图形的可行性。

表 3-2　动态动词法练习表

谁（人、事、物）	动作（在干什么）
树	放大、缩小、拉伸、挤压、加厚、加粗、减薄、减细
猫	扭曲、旋转、倾斜、镜像
房子	解构、重组
飞镖	增加、减少
茶壶	分解
死神	摇摆
飞天	玩耍

续表

谁（人、事、物）	动作（在干什么）
拼图	打盹
书本	清洁
日历	创作
手机	融化
面条	爆破
颜料	压榨
小花	粉碎
酒瓶	拼凑

任务实施指南

1. 选择命题：首先，学生小组需要选择一个专业竞赛命题作为广告创意的主题。这可以是一个特定的产品、服务或品牌，或者是一个行业相关的挑战或问题，广告类型可以是公益广告，也可以是商业广告。

2. 读懂策略单：学生小组需要仔细阅读和理解提供的策略单。策略单将包含关于目标受众、品牌定位、传达信息和目标等方面的重要信息。确保每个小组成员都对策略单的内容有清晰的理解。

3. 创意与构思：学生小组需要进行创意构思与策划，运用动态动词法来设计广告中的视觉元素。他们可以考虑使用运动、变化、活力等元素来吸引目标受众的注意力。学生可以先绘制草图来表达他们的想法和构思，可以是手绘或数字草图，以便团队成员之间进行讨论和改进。

4. 绘制创意稿：学生可以使用设计软件或工具将创意图绘制出来。他们可以运用动态效果、过渡效果等技巧，使广告图更具活力和吸引力。

5. 评估和完善：学生需要根据团队内部讨论和反馈意见，对创意图进行完善与调整。这可能涉及颜色、字体、布局等方面的改进，以确保广告图符合策略单中的要求。

6. 效果呈现：学生需要将最终的创意图制作成高质量的文件或图像，并准备好展示。可以通过打印、投影或演示软件等方式来展示创意图，并向观众解释设计理念和动态动词法的运用。

7. 反思和总结：在任务完成后，学生小组应该进行反思和总结。回顾整个创作过程，讨论团队合作的优点和挑战，以及从中学到的经验教训。

任务四　运用强制连接法绘制创意图

任务内容

学生以小组为单位，选择专业竞赛命题作为主题，读懂命题策略单，运用强制连接法绘制创意图。

任 务 目 的

通过强制连接法训练，学生能够将两个或多个不同的概念进行组合，形成新的图形和创意，从而拓展创造性思维，培养广告创意设计能力。

知 识 点 链 接

强制连接法的概念、步骤、案例剖析和练习。

[知识点 1] 强制连接法的概念

强制连接法是将两个互不相关，甚至是相互矛盾的元素或概念组合到一起，从而迸发新创意的方法。如图 3-34 所示，受联合国儿童基金会瑞士和列支敦士登办事处委托，艺术家利用人工智能创作作品"让未来发生"。创意包括书本与山结合，寓意挑战新的可能性；森林与教室结合，寓意大自然是最好的教师；垃圾与服饰结合，寓意把垃圾变成资源，激起了人们对孩子健康、安全、有机会接受教育的渴望。

图 3-34 2023 年由联合国儿童基金会瑞士和列支敦士登办事处创建的广告活动"让未来发生"

强制连接法的本质是从生活经验或表面上看来无关的元素中依然能够找到相似点，如可以从造型、材料、肌理、色彩、功能、使用场景等方面考虑。强制连接法与图形创意同构法有些类似，两者都是通过叠加、替换等手段创作新图形、新创意。而两者最大的区别是同构法强调共同点，强制连接法更注重无关性，即两个互不相干的元素或概念的关联性。

[知识点2] 强制连接法的步骤

第一步：确定概念或事物。确定需要进行强制连接的两个或多个概念或事物。这些概念或事物可以是完全不相关的，甚至可能看起来相互矛盾。

第二步：寻找共同点或关联。在确定要连接的概念或事物后，寻找它们之间可能存在的共同点、相似之处或关联。这些共同点可以是表面上的特征、属性、目标等。

第三步：创造联系。仔细观察事物的外观、形状、颜色、材质、纹理、大小等特点，比较归纳出这两个事物的特点，并努力寻找这些特点之间的联系。

第四步：强调联系。通过使用修辞手法（如比喻、夸张、反问等）来增加效果。通过强调这种看似不可能的联系，可以引起读者或听众的注意并加深印象。

第五步：解释和解构。在完成连接之后，对这种方法进行解释和解构。解释为什么选择了这样的连接方式，并展示其意义和效果。这样可以帮助受众理解并接受这种看似不可能的联系。

第六步：修订和改进。根据反馈和评估结果，对连接图形进行修订和改进。确保连接图形在传达信息、引起兴趣和产生效果方面达到预期目标。

[知识点3] 强制连接法的案例剖析

下面通过三个案例进行详细讲解。

案例一：运用自行车和柠檬的组合创作的作品。两者出现在不同的生活场景中，看似无关，其实仍然具有关联，事实上仔细观察不难发现，自行车的轮胎和柠檬切面的形状与纹理极其相似。两者的结合产生了柠檬自行车的新概念，如图 3-35 ～ 图 3-37 所示。

图 3-35 自行车素材　　　　　　图 3-36 柠檬素材

图 3-37 Florent Bodart 创作的《热情》插画

案例二：运用绵羊和花菜的组合创作的作品。从实际生活来看，两者并无关联，但从肌理、色彩来看两者十分相似。通过两个元素的组合、替换形成了一个新的花菜羊图形，如图 3-38～图 3-40 所示。

| 图 3-38　绵羊素材 | 图 3-39　花菜素材 | 图 3-40　Randy Lewis 的创作 |

除此之外，还有很多有趣的结合，如西瓜和水、刺猬和草、蛇和棒棒糖、蜗牛和牙膏、薯条和笔、蝴蝶和黄油、乌龟和汉堡、桌球和泳池、果冻和鱼缸等（图 3-41）。

图 3-41　Randy Lewis 创作的作品

　　案例三：妙蛙种子。妙蛙种子是系列游戏《宝可梦》的形象之一，创意灵感来源于青蛙和种子的结合，想象青蛙在地里打了滚之后身上黏上了种子并进化成为妙蛙花（图 3-42～图 3-44）。将青蛙成长的过程与种子发芽开花的过程结合起来创作了这幅作品，如图 3-45 所示。

图 3-42　青蛙素材

图 3-43　种子素材

图 3-44　妙蛙种子

图 3-45　妙蛙种子进化过程

　　除了以上案例，还有许多运用了强制连接法的有趣创意（图 3-46、图 3-47）。

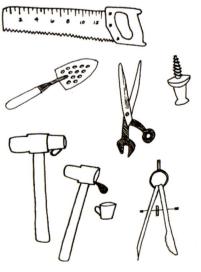
图 3-46　工具的强制连接案例

图 3-47　其他强制连接案例

图 3-48 所示是林行瑞绘制的 *Overthink*（就是想太多）一书中的插图。作者将冰淇淋和猫进行了强制连接，我们可以看到猫咪的四肢与冰淇淋融化的细节结合得很巧妙。

图 3-49 所示的作品，创作者试图用勺子清空海洋。

图 3-48　林行瑞绘制的 *Overthink*（就是想太多）一书中的插图　　　　**图 3-49**　冰淇淋和海洋的结合

图 3-50 所示为西班牙设计师麦哲伦制作的海报广告。他将日常物品与生活场景进行连接，让原本普通的物品变得幽默有趣，包括他的其他作品呈现出达达主义①和超现实主义②的视觉风格。

---

①　达达主义（法语：Dada 或 dadaïsme）是一场兴起于第一次世界大战时期的文艺运动。发源地是瑞士苏黎世，涉及视觉艺术、文学（主要是诗歌）、戏剧和美术设计等领域。达达主义是 20 世纪西方文艺发展历程中的一个重要流派，是因战争颠覆、摧毁旧有欧洲社会和文化秩序的产物。达达主义作为一场文艺运动持续的时间较短，然而其波及范围却很广，并对 20 世纪的所有现代主义文艺流派都产生了影响。

②　超现实主义（法语：Surréalisme，荷兰语：Surrealisme）是在法国巴黎开始的文化运动，直接地源于达达主义，于 1920—1930 年盛行于欧洲文学及艺术界中。其理论背景为弗洛伊德的精神分析学说，强调直觉和潜意识的艺术风格。给传统对艺术的看法带来了巨大的影响，也常被称为超现实主义运动或简称为超现实。

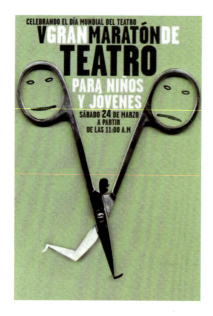

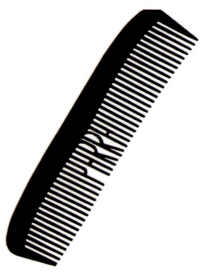

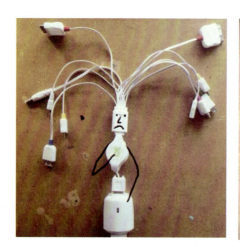

图 3-50　西班牙设计师麦哲伦制作的海报广告

[知识点 4] 强制连接法的练习

请根据表 3-3 列出概念清单，两两连接，画出图形，观察两者的概念、功能、造型之间的异同，并进行有机结合，再分别研究新图形的可行性。

提示：这个练习的重点不在于画的多好多完整，而在于快速捕捉创意灵感，所以纸张不要太大（建议 A4 纸）。用自己最舒服的笔，画得越快越好。记住，一定要仔细观察身边的事物，找到它们在外形、颜色、纹理的相似之处，每次只替换或叠加一个特点，不用太多。可以观察和写生实物，也可以从网上的图片素材中寻找灵感。

表 3-3 强制连接法练习

办公室用品	厨房用品	书画用品
剪刀	刀	毛笔
胶带纸	叉	墨水
打印纸	勺子	纸张
图钉	盘子	砚台
订书机	打蛋器	笔架
打孔机	刨刀	纸镇
起钉器	开瓶器	笔洗
胶水	漏洞	毛毡
铅笔	擀面杖	颜料
圆规	网筛	印泥
尺子	刷子	
便签		
马克笔		
回形针		

任 务 实 施 指 南

1. **选择命题**：首先，学生小组需要选择一个专业竞赛命题作为广告创意的主题，可以是一个特定的产品、服务或品牌，或者是一个行业相关的挑战或问题。广告类型可以是公益广告，也可以是商业广告。

2. **读懂策略单**：学生小组需要仔细阅读和理解提供的策略单。策略单将包含关于目标受众、品牌定位、传达信息和目标等方面的重要信息。确保每个小组成员都对策略单的内容有清晰的理解。

3. **运用强制连接法**：学生小组需要对广告主题进行解读，运用思维导图法找到关键词或概念，将这些内容图形化，并尝试运用强制连接法进行创意。

4. **绘制创意稿**：学生小组可以开始进行广告创意设计和绘制。团队成员可以集思广益，共同讨论和发展创意，并将其转化为可视化的广告图。创意设计应该与策略单中的目标和信息一致，并能够吸引目标受众的注意力。

5. **评估和完善**：学生小组需要评估他们的创意广告，并进行必要的修改和完善。可以通过小组内部讨论、同行评审或导师指导等方式收集反馈意见，并根据反馈意见进行改进。

　　6. 效果呈现：学生小组需要准备最终的广告创意展示，可以是通过口头演讲、海报展示、PPT 演示等形式来呈现创意广告。确保展示能够清晰地传达创意和策略，并向观众解释创作背后的思考和决策过程。

　　7. 反思和总结：在任务完成后，学生小组应该进行反思和总结。回顾整个创作过程，讨论团队合作的优点和挑战，以及从中学到的经验教训。

【项目评价】

序号	评价指标	评价内容	分值	自评	互评	教师评
1	知识与能力指标	能够读懂命题策略单，理解其中的要求，包括目标受众、信息传达重点等	5			
2		能够理解视觉修辞法、动态动词法和强制连接法的概念	5			
3		能够掌握广告创意设计的基本原则和方法，能够提出有针对性的创新想法并将其转化为实际图像	10			
4	过程与方法指标	能够独立收集素材和灵感，将其合理应用于广告创意设计中	10			
5		能够运用逻辑分析方法理解策略单中的要求，并从中提取关键信息	10			
6		能够熟练运用创意方法，提出有针对性的创新想法，并绘制成创意草图	10			
7		通过分工合作，能够明确每个成员的角色和任务，并通过有效地沟通与协作解决问题	10			
8	情感态度与价值观指标	通过本项目的学习，能够主动学习和探索新知识与新技能	10			
9		通过小组合作完成任务，学会尊重他人观点、倾听他人意见，在集体决策中发表自己的看法，同时也体会到团队协作的乐趣和成就感，培养解决问题的能力和适应变化的能力	10			
10		通过运用不同的创意方法，形成良好的创新思维和审美意识	10			
11		在项目中遇到问题时，学会寻找解决方法，培养面对挑战时的积极态度和坚韧精神	10			
		总分	100			

项目四 广告视觉呈现

项目导入

　　广告视觉呈现是指通过图形、图像、文字、色彩等视觉元素来传达广告信息的过程。通过精心选择媒材、合理运用图形创意技法，广告可以吸引目标受众的眼球，引起他们的兴趣和共鸣。优秀的广告视觉呈现能够创造独特的品牌形象，传递产品或服务的核心价值，并在竞争激烈的市场中脱颖而出。无论是简洁明了的图像，还是精心设计的数字排版，广告视觉呈现都扮演着重要角色，为品牌和产品带来影响力与吸引力。本项目包括选择广告呈现媒材和运用图形创意技法两个任务。

项目目标

1. 知识与能力目标

　　（1）能够准确描述不同广告表现工具的特点和区别。

　　（2）能够综合运用不同的广告表现工具绘制创意稿。

　　（3）能够运用广告图形创意中的一种或多种方法，对给定的广告主题进行图形创作。

　　（4）能够制作内容完整、形式新颖的图片、GIF 动画或短视频内容，并能够运用音乐、文字和动画等元素增强表达效果。

2. 过程与方法目标

　　（1）能够有效收集、整理和分析相关广告案例，并运用比较方法来总结广告表现工具的特点和规律。

　　（2）能够积极参与小组活动，共同讨论并选择适合的广告表现工具进行创意稿绘制，能够通过反思和改进，不断提升创意稿的质量和效果。

　　（3）能够分工合作，高效地完成图形创意的制作和编辑；能够利用设计软件、在线工具或手机应用，熟练运用广告图形创意方法制作内容。

　　（4）能够在社交媒体上积极互动，与观众分享创意心得并接受反馈。

3. 情感态度与价值观目标

　　（1）培养广告表现的兴趣和热情，提升自身的艺术表达能力和审美能力。

　　（2）通过合作与分享，培养团队合作精神和集体荣誉感。

　　（3）通过反思和改进，培养积极的学习态度和持续改进的意识。

　　（4）通过社交媒体的互动，增强对观众需求和反馈的敏感性，并改进自己的创意作品，培养市场洞察力和社交媒体营销的价值观念。

📝 项目案例：超级植物公司

　　超级植物公司是一家由设计师创立的植物美学品牌。2018年开始，从北京辐射到全国，超级植物的热度和受到喜爱的程度无疑说明它是成功的。它围绕着植物这一主题展开，赋予植物的个性和情绪，用植物来激发生活的灵感，成功占领了年轻消费市场（图1）。例如，来自日本的金松取名为"请放松"，就是遵循古人以物做祝福的惯例，让年轻人在这个快节奏的时代能片刻放松下来（图2）。在设计表现上独具特色，为每种植物贴上标签，像一条条弹幕，诠释着当下年轻人对生活、工作现状的调侃，以黑色幽默的表达方式引起众多共鸣。这不是简单地售卖一株植物，而是售卖"个性和创意"。人们在养植物、亲近植物的过程中，得到了心理上的放松和愉悦（图3～图5）。

　　通过这则案例可以发现，广告表现是建立在广告创意的基础之上，合适的广告表现手段会强化广告创意，成为一则绝佳的广告，不仅在视觉上赏心悦目，还会抚慰人心，让人的心理得到满足。

图1　超级植物公司品牌海报

图2　青松植物包装"请放松"

图3　塑料假花包装"花假情真"

图 4　苔藓植物包装　　　　　　　　　　　　图 5　青松植物

任务一　选择广告呈现媒材

任 务 内 容

　　学生以小组为单位，选定某一竞赛广告命题，通过收集、分析、比较相关广告案例，总结广告表现工具的特点和规律，选择一种或多种广告表现工具进行广告表现，并绘制创意稿。通过分析效果、总结经验、收集反馈意见进行改进。

任 务 目 的

　　通过案例分析，深入了解各种广告表现工具的特点、优势和适用场景，比较它们在传达信息、引起共鸣和提高品牌认知度方面的效果。通过实践训练，将不同的广告表现工具应用到实际情境中，并分析其效果和市场反应。同时，培养学生的市场调研、创意设计和广告评估能力，帮助学生成为能够灵活运用各种广告表现工具、有效传递信息并提升品牌认知度的广告专业人才。

知 识 点 链 接

　　手绘和手写、数字排版和插画、摄影和摄像、素材库和模板、特殊材料。

［知识点 1］手绘和手写

　　手绘和手写可以赋予广告更加生动、自然和个性化的气息。设计师可以使用油画棒、水彩、铅笔、彩铅、马克笔等不同的画材来表现广告内容，并适当地搭配文字和图像。

一、油画棒

　　油画棒通常由颜料、油剂和蜡质组成。相比于液体油画颜料，油画棒更加方便易用，可以直接在画布上进行描绘和涂抹，不需要额外的油漆和画笔。油画棒的颜色饱和度高，质地柔软，易于混合和擦拭，创作出来的作品与传统的油画作品类似，具有细腻的质感和饱满的色彩，同时也具有一定的防水性和持久性。油画棒适用于许多不同类型的绘画作品，包括静物、风景、肖像和抽象作品等（图4-1、图4-2）。

图4-1　里约热内卢插画家 Jana Glatt
用油画棒绘制的童趣风格插图（一）

图4-2　里约热内卢插画家 Jana Glatt
用油画棒绘制的童趣风格插图（二）

二、水彩颜料

　　水彩颜料的特点是颜色透明度高、饱和度强，容易混合和调色，可在水上漂浮、自由流动，创造出柔和的过渡效果，这使水彩画具有特别的表现力和艺术魅力。水彩颜料可以在吸水性纸张、画布、木板等各种材质上作画，也可以和其他绘画媒介混合使用，但水彩画需要较长时间的干燥过程，因此在操作上需要比较耐心和细致。平铺、渐变、混色、水渍、结晶、擦色是水彩颜料的基本技法（图4-3、图4-4）。

图4-3　插画艺术家泰图斯（Tytus Brzozowski）用水彩颜料绘制的《城市的精神》

图4-4　插画艺术家泰图斯（Tytus Brzozowski）用水彩颜料绘制的《心中有华沙——在华沙的中心》作品

三、彩铅和铅笔

彩铅是一种实用、灵活的美术工具。彩铅可分为油性彩铅和水溶性彩铅。油性彩铅不溶于水，能够表达出细腻的色彩变化，可以做出叠色、模糊等效果。水溶性彩铅溶于水，与水彩画笔配合能够制作出淡彩的效果。铅笔可用作速写、素描，也能通过涂擦制作出特别的效果。

彩铅和铅笔都可使用橡皮擦或特殊的擦拭工具对画面进行擦拭修正。彩铅和铅笔可用于各种绘画媒介，如纸张、画布、棉布等。

图 4-5 所示为 Zipora Fried 用彩色铅笔创作的画作。他不仅将其细微的触感发挥得淋漓尽致，还在条状的色彩中玩味这种媒介特有的广域模糊性。

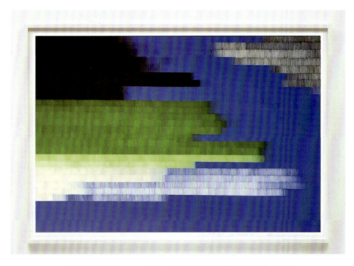

图 4-5　Zipora Fried 用彩色铅笔创作的画作

图 4-6 所示为莎拉·安·韦伯（Sarah Ann Weber）的混合媒介作品。她的作品充斥着色彩各异的奇幻植物和各种有趣又诡异的元素。她使用彩色铅笔，时而也诉诸水彩，创造出花卉稠密的梦幻场景，画面布满各式超现实植物和鬼魅人物形象。她的画作依托粉色和紫色的捕蝇草、巨大的蕨类植物和特异彩色的仙人掌等图案，一方面致力于探索生长和熵变的概念，另一方面也时常让人联想到南加州的自然风光。

图 4-6　莎拉·安·韦伯的混合媒介作品

四、马克笔

马克笔是一种高效、易用、多功能的画笔，适合涂鸦、插画、手账、书法等各种场合使用。它具有色彩饱和度高，颜色鲜艳持久不褪色；笔触流畅、线条细腻，能够画出精细的图案和字形的特点。马克笔使用方便，无需晾干、轻轻一挥即可使用，不会影响画面的整洁程度。

马克笔可分为油性马克笔和丙烯马克笔。油性马克笔可以叠色、混色，粗头用于上色，细头或软头用于勾线和细节的刻画。丙烯马克笔色彩鲜艳、不易掉色，但不适合混色。

图 4-7、图 4-8 所示为 Mr.Doodle 创作的涂鸦作品。Mr.Doodle 是一位涂鸦艺术家，他使用马克笔创作了许多室内外街头涂鸦作品。他还与许多品牌合作，将艺术与商业项目结合。

图 4-7　Mr.Doodle 创作的涂鸦作品（一）　　图 4-8　Mr.Doodle 创作的涂鸦作品（二）

图 4-9 所示为 Inkee Wang 的马克笔绘画作品《消极的友谊》。这幅作品作为 Design360° NO.99 新刊"艺术书的边界"的封面，通过大胆"留白"这一简单的设计，为读者提供了一张空白画纸，供大家在上方自由创作。

图 4-9　Inkee Wang 的马克笔绘画作品《消极的友谊》

［知识点 2］数字排版和插画

现如今，除手绘技术外，我们还可以在计算机上使用 Photoshop、Illustrator 等软件进行数字排版和插画来创建复杂的图形、图标、符号及艺术效果。

作为广告设计的重要表现形式之一，数字排版和插画体现出明显的优势，这已经成为设计师的必备工具。它具有精度高、可编辑性强、可扩展性好、操作简单等特点。但数字排版和插画因为是机械操作，难免会产生机械、生硬的观感，难以达到更加自然、个性化的表达。

一、数字排版

数字排版是广告设计中的常用工具，主要用于文字、图像和其他视觉元素的整合与排列。成功的数字排版不仅可以让广告更加吸引人，还能够增强广告信息的传达效果。数字排版的要点和方法如下。

（1）选择适合的字体和排版方式：在数字排版中，字体和排版方式非常重要。需要根据广告主题、风格和目标受众的需求来选择适合的字体。例如，Sans-serif 字体通常用于现代化和科技感较强的广告，而 Serif 字体更适合正式和传统的广告。同时也要根据广告的内容和版面布局来确定排版方式，如左对齐、右对齐、居中等。

（2）标准化文本样式：为了让广告看起来更加规范和统一，需要标准化文本样式，并且尽可能地避免出现太多不同的字体。在一般情况下，标题应该使用大号字体，而正文则应该使用较小的字体。

（3）建立网格系统：建立网格系统可以使版面更加整齐和精确。设计师可以先根据广告的版面大小和内容，将画布分成若干个网格，然后将文字和图片等元素放置在网格内。这样可以使版面更加对称，也便于调整和修改。

（4）空间利用：广告设计中的空间是非常重要的，需要合理地利用空间来承载文字和图像。一般来说，广告中的信息越简洁明了、排版越简单直观，就越能引起受众的注意。

（5）监控细节问题：在数字排版过程中，还需要注意细节问题，如字体大小、行距、字距、颜色搭配等。另外，还要关注图像的质量和清晰度，以达到最佳视觉效果。

（6）数字排版不仅是广告设计中的基本工具之一，而且是广告设计的基础。为了制作出有吸引力的广告，设计师需要不断学习和磨炼技术，并灵活运用数字排版工具。

二、数字插画

数字插画是一种使用计算机数字工具进行绘制和创作的插画形式。它与传统手绘插画不同，数字插画使用了各种绘图软件、图形板和数码设备等工具，具有可编辑性、精度和效率。数字插画的样式和表现形式多种多样，可以模仿传统的手绘、水彩、油画等风格，也可以创造出独特的数字艺术风格。图 4-10 所示为 TeamLab 艺术团队利用数字插画技术创作的艺术作品。这件有关花与人的作品一个小时根据时令变化绽放出一年的花朵。作品还能与人产生互动，人经过、触摸都会产生奇妙的变化。图 4-11 所示为 TeamLab 艺术团队创作的艺术装置作品。作品将书法在三维空间中重构，以表达笔触的深度、速度和力量，诠释及象征生命的字符。

数字插画的创作过程通常包括以下几个步骤：

（1）选择合适的绘图软件和数码设备，进行素材的收集和构思。

（2）根据需要，使用绘图软件进行线稿的绘制和调整，设计出初步的构图和风格。

（3）进行色彩的填充和调整，优化线稿的细节和纹理等要素。

（4）进行加工和输出，将数字插画导出为各种图像格式，如 JPEG、PNG、SVG 等。

数字插画的优点在于它可以快速地实现艺术家的创意，同时具有可编辑性和适应性，可以随时进行修改和调整。数字插画的应用领域非常广泛，包括卡通、动画、漫画、插图、广告、网页设计等领域。

图 4-10　Teamlab 艺术团队利用数字插画技术创作的艺术作品

图 4-11　Teamlab 艺术团队利用数字插画技术创作的艺术装置作品

［知识点 3］摄影和摄像

摄影和摄像可以通过真实的场景和角色来传达产品及品牌的特点与形象。设计师可以使用专业的相机和灯光设备等拍摄高质量的照片和视频，并将其用于广告设计中（图 4-12、图 4-13）。

图 4-12　日本摄影师上田义彦为 Mtm Labo 护　　　　图 4-13　上田义彦为爱马仕品牌拍摄的
　　　　　肤品拍摄的广告作品　　　　　　　　　　　　　　　广告作品

　　摄影广告具有画面逼真、视觉冲击力强的特点，在广告设计中扮演着非常重要的角色。一张好的照片可以吸引人们的注意力，传达出产品的特点和品牌形象，从而提高产品的销售量和品牌认知度。

　　在制作摄影广告时，需要注意以下几个方面的问题：拍摄背景的清晰度和亮度、构图的合理性、主体物品的真实性和美观度、颜色的饱和度和明度等。另外，还需要注意所使用的摄影器材和后期处理技术，以确保照片质量和效果的最佳化。

［知识点 4］素材库和模板

　　素材库和模板是一些已经被设计好的图像、矢量、插图等资源。设计师可以从这些资源中挑选合适的元素组合成广告，这样可以节约时间和精力。除此之外，还可以通过样机模板制作广告样机，测试设计效果（图 4-14）。

图 4-14　海报样机模板

［知识点 5］特殊材料

　　设计师可以使用一些特殊的材料来进行广告创意表现。例如，胶带、铝箔、布艺、纸张等都可以被用来制作独特的广告，增强广告的观赏性和吸引力。除此之外，叉子、滴管、泡沫、毛线、刷子、树叶、蔬菜、水果等生活中的物品和材料都可以用来创作。图 4-15 中艺术家 Tim Knowles 利用树木作画，他将素描笔挂在树枝上，并在树下放置纸张，记录树木的自然运动和静止时刻。就像签名一样，每幅画都揭示了树木在微风中摇摆时的不同形态和特征，如橡树画出的线条轻松流畅、落叶松的笔触细腻委婉，山楂树的抓痕则是僵硬无序。过程中他利用照片或视频记录其创作的地点、方式及每次的绘制过程。

图 4-15　2005 年英国坎布里亚落叶松 4 号笔在 1 号架子上的绘制过程及纸上的墨水细节

图 4-16 所示为瑞士设计师尼古拉斯·卓思乐（Niklaus Troxler）用胶带创作的爵士音乐会海报作品和展览海报作品。

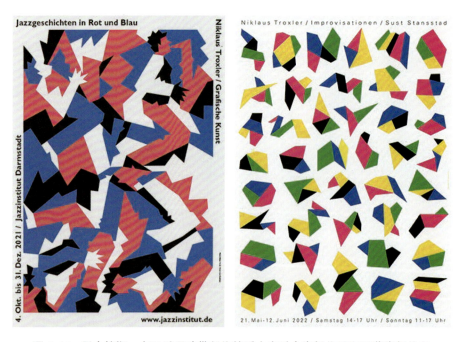

图 4-16　尼古拉斯·卓思乐用胶带创作的爵士音乐会海报作品和展览海报作品

图 4-17 所示为施德明（Stefan Sagmeister）设计的 *The Happy Film* 视频短片截图。该短片邀请
猪、鸭子、猴子等动物参与拍摄，将动物们喜爱的食物拼凑成英文 The Happy Film，让动物们一一
吃掉，然后剪辑成短视频，仿佛这些英文是由动物创作出来的。这则视频突出了快乐设计的主题，
风趣幽默。

图 4-17　施德明设计的 *The Happy Film* 视频短片截图

施德明还尝试运用不同媒材进行创意，如图 4-18 所示，通过不同媒材的隐喻解释文字本身的意义。

图 4-18　渣打银行广告片截图

以上是广告绘制过程中采用多种材料进行创意表现的一些方法。在实际应用中，设计师需要根据目标受众、广告主题和媒介等因素，选择适当的材料来进行创意表现，并注重视觉效果和信息传达的平衡。

任务实施指南

1. 收集案例：收集不同行业、不同媒体渠道和不同表现方式的广告。可以通过互联网、广告杂志、行业报告等渠道获取案例。

2. 分析案例：对收集到的广告案例进行分析，重点关注广告表现工具的特点、优势和适用场景。考虑这些工具在传达信息、引起共鸣和提高品牌认知度方面的效果。

3. 比较效果：比较不同广告表现工具在相似情境下的效果和市场反应。例如，比较使用摄影和插画的广告在吸引目标受众方面的差异；比较使用手写和数字排版的广告在传达品牌个性方面的差异等。

4. 实践训练：学生以小组为单位，将不同的广告表现工具应用到项目二绘制的创意稿中，设计并制作多个版本的广告，每个版本使用不同的表现工具。

5. 分析效果：观察广告在目标受众中的反应和市场反应，比较不同工具在传达信息、引起共鸣和提高品牌认知度方面的效果。

6. 总结经验：根据案例分析和实践训练的结果，总结各种广告表现工具的特点、优势和适用场景。整理出各个工具在不同情境下的最佳应用方式，并提出相应的建议。

7. 反馈和改进：根据实践训练和效果分析的结果，收集反馈意见并进行改进。根据市场反应和目标受众的反馈，调整广告表现工具的选择和应用策略，以达到更好的传播效果。

任务二　运用图形创意技法

任务内容

学生以小组为单位，给定广告主题后，每个小组在一定时间内，运用广告图形创意中一种或多种方法对广告主题进行图形创意，所有创意稿汇聚成共享式图形创意库。小组将自选图形创意库中的创意稿制作成图片、GIF 动画或短视频等形式，用音乐、文字和动画等元素来增强表达效果，并在社交媒体上发布和互动。

任务目的

通过训练，激发学生的创造力，培养团队合作精神和提高视觉传达能力。另外，学生还会通过在社交媒体上发布和互动来培养市场洞察力，获得进一步的启发和改进。通过最佳创意及奖励，以激发学生的学习积极性。

知识点链接

简化衍生、异质同构、聚集成形、正负反转、矛盾空间、文字衍生。

[知识点1] 简化衍生

简化是一种略去具体细节而抓住主干的构思方式，通过概括、提炼，形神兼备地传达出形象或概念的大致轮廓与内在精髓，具有将复杂事物简单化的特点。衍生是指从母体演变而得到的新物质，通过解构、重组，繁衍出丰富的创意图形，具有将单一的事物复制延展的特点。简化衍生后的图形信息明确、易于识别，具有较强的传播性和延展性，也经常作为海报的主体。

简化衍生大致可分为提炼特征、简化特征和衍生三个步骤。我们以玫瑰花为例进行解析。

第一步提炼特征，可以思考以下问题：如何辨别它是花而不是其他物品？如何辨别是玫瑰花而不是其他花？首先玫瑰花具有花的普遍特点，如枝茎、花苞、红花、绿叶等，且花苞长在枝茎的末端，叶子长在枝茎的中段等。其次玫瑰花与其他花相比具有特殊点，如红配绿、带刺、花苞旋涡状等。

第二步简化特征，在保证识别度的情况下删减部分特征。例如，去掉玫瑰花的刺也能通过其他特征辨别，或者保留刺，去掉花瓣的细节，又或者保留所有的图形细节，把颜色变成黑白色，回头来看，这些简化特征的操作都不会影响玫瑰花的识别度（图4-19）。

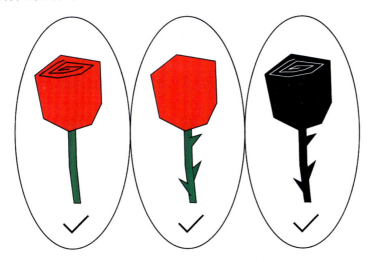

图4-19　具备玫瑰花的基本特征

第三步衍生，通过前两步得到了玫瑰花的基本型，但在设计中还要通过解构、重组对基本型进行改造，将熟悉的事物风格化、陌生化。通过不断尝试，发现玫瑰花的漩涡状可以用同心圆表现；花苞用半圆形、枝茎和叶子用几何形概括；将同心圆的颜色改变；以四边形为基本形，通过旋转不同角度，再加上渐变风格。以上操作使玫瑰花变得更加抽象化，但均能判断出是玫瑰花（图4-20）。

图4-20　玫瑰花的衍生图

　　课后练习：通过图形简化衍生练习加深印象，请对旅行、树、湖水、爆炸、小岛等具象词汇进行简化衍生，尝试用简洁易懂的图形语言加以提炼概括。

［知识点 2］异质同构

　　异质同构是将事物的某一部分置换或叠加，组成与之相似或不相关的其他事物的特异组合，形成强烈的视觉冲击力，给予观者丰富的心理感受。异质同构是阿恩海姆在格式塔心理学[①]的理论基础上提出的概念，其核心是结构和完形。其作用机制是外在物理世界与内在心理世界的"力"在形式结构上相互对应，由于事物的形式结构与人的生理、心理结构在大脑中引起相同的电脉冲，所以外在对象和内在情感合拍一致，主客协调，物我同一，从而人在对称、比例、均衡、节奏、韵律、秩序、和谐中产生相互映衬的知觉感受。

　　在广告设计中，根据主题将原有事物的形状、色彩或材质置换或叠加为另一个事物，使两者的共同特征更加明显，从而突出主题，使原本平淡无奇的形象因突变而产生新含义。

［知识点 3］聚集成形

　　聚集成形是把很多小的物形聚集成另一种物的形态的图形方法。在创作时，统一的单元形、不同的单元形、单元形的大小、单元形的组合形式等都需要具体考虑。早在中国古代就已存在聚集成形的案例，德国学者雷德侯[②]对中国古代的青铜器、兵马俑、漆器、瓷器、建筑、印刷和绘画考察研究后，在《万物：中国艺术中的模件化和规模化生产》一书中提出，中国人发明了以标准化的零件组装物品的生产体系，通过零件的预制，实现不同的组合方式，在有限的常备配件中创造出变化无穷的单元甚至是系统。在广告设计中，运用这种建模体系和思维进行设计创作的案例也有很多。

［知识点 4］正负反转

　　正负形是指在同一幅广告画面中，存在着正、负两种形式的图形，这两种图形通过正负空间的相互补充，形成有机的整体，是一种极具智慧与艺术感的视觉表现形式。一方面，正负形开发了负形的功能价值，充分利用空间；另一方面，正形和负形分别表达不同含义，能够巧妙暗示两者之间潜在的关系，点明主题。

　　图 4-21 所示为摄影师阿莫尔·贾达夫（Amol Jadhav）和麦肯世界集团印度广告团队为印度动物救援组织 World for All 设计的宠物领养活动广告。为了鼓励孟买市民与流浪动物共生共存，激发当地市民对流浪动物的怜悯之心，广告画面利用负形建构出小狗、小猫、兔子等动物的剪影，表明宠物在人们生活中占有一席之地，鼓励人们积极参与领养活动。

　　图 4-22 所示为小说《The Boy With the Tiger's Heart》的封面。画面中树枝剪影、落日黄昏组合成了正空间，同时又组成了老虎形状的负空间，构建出一幅人、老虎与大自然共存的神奇景象，暗示了书中的主题——野性的呼唤。

　　图 4-23 所示为平面设计师诺玛·巴尔（Noma Bar）设计的《负面空间》封面。画面利用正负空间来展示两个天生的敌人之间的战斗。猫和狗、黑色和白色的对比，显示它们之间的斗争。

---

　　① 阿恩海姆的格式塔心理学是建立在现代心理学的实验基础之上的。他认为知觉是艺术思维的基础，并由此提出了"张力"说，认为力的结构是艺术表现的基础，而"同形"是艺术的本质。

　　② 雷德侯（Lothar Ledderose, 1942 年 12 月 7 日— ），生于慕尼黑，德国海德堡大学教授，汉学家、艺术史学家。

图 4-21　摄影师阿莫尔·贾达夫和麦肯世界集团印度广告团队为印度动物救援组织 **World for All** 设计的宠物领养活动广告

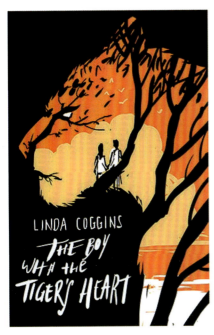

图 4-22　小说 *The Boy with the Tiger's Heart* 的封面

图 4-23　诺玛·巴尔设计的《负面空间》封面

［知识点 5］矛盾空间

　　矛盾空间是打破透视法则构成现实中不可能发生的错视图形的手法。埃舍尔（M.C.Escher）的作品《不可能的立方体》（图 4-24），就是在这个立方体中某一条应该靠近观察者的棱神奇地被一条应该远离观察者的棱挡在了更远处，使人产生错觉，它在现实世界是不可能客观存在的。

　　图 4-25 所示为瑞典艺术家奥斯卡·路透斯沃德（Oscar Reutersvard）创造的彭罗斯三角形。这个三角形在 20 世纪 50 年代被数学家罗杰·彭罗斯（Roger Penrose）所推广，其特点是三角形被扭曲成物理上并不能实现的样子。类似的图形还有彭罗斯正方形、彭罗斯五边形等。

图 4-26 所示的彭罗斯梯形由莱奥内·彭罗斯和他的儿子罗杰·彭罗斯所创作。它是彭罗斯三角形的一个变体。在二维图形中，彭罗斯梯形是拥有四个 90° 拐角的四边形楼梯，由于它是一个从不上升或下降的连续封闭循环图，所以人们可以永远在阶梯上走下去而不会升高。显然这在三维空间中是不可能实现的。

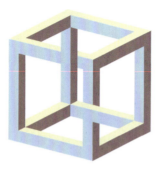  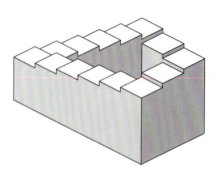

图 4-24   埃舍尔的作品　　图 4-25   彭罗斯三角形　　图 4-26   彭罗斯梯形
　　《不可能的立方体》

[知识点 6] 文字衍生

在广告设计中，文字不仅是传递广告文案信息的辅助元素，还可以经过图形化处理成为画面中的主角。将文字的意义与广告主题结合制作成新图形，可以传递文字符号和图形符号的双重意义，打破人们对文字和图形的固有形象，在视觉上更丰富直观。

汉字是中国的传统文化符号，是中华民族智慧的结晶，可以将基础字形与图形结合创造出文字图形，也可以对文字进行拉伸、拆分、叠加、重复、穿插等动态变化创造出衍生文字符号，还可以用书法水墨的中国风传达出具有传统特色及文化底蕴的作品（图 4-27 ～ 图 4-29）。

平面广告的图形创意
方法

图 4-27   靳埭强 *Coexistence*　　图 4-28   靳埭强《庆祝巴黎》　　图 4-29   靳埭强《风水云动
　　（共生）　　　　　　　　　　　　　　　　　　　　　　　　　　　　　　　组画 3》

任务实施指南

1. 给定广告主题：教师给学生一个具体的广告主题，确保主题能够激发学生的创意和兴趣。

2. 分组组建：将学生分成小组，每个小组由 3~5 名学生组成。可以根据学生的兴趣、专长或互补能力来分组。

3. 时间限制：确定每个小组完成任务的时间限制，以确保学生有足够的时间进行创意思考和图形创作。

4. 图形创意方法选择：鼓励学生在图形创意中运用一种或多种方法，如简化衍生、异质同构、聚集成形。教师应提供给学生一些图形创意方法的例子和指导，以帮助他们开始思考和规划创意稿。

5. 共享式图形创意库：要求每个小组将他们的创意稿提交到共享式图形创意库中。可以使用在线协作工具或共享文件夹来收集和整理所有的创意稿。

6. 创意稿制作：鼓励学生从共享式图形创意库中自选一个或多个创意稿，并将其制作成图片、GIF 动画或短视频等形式的内容。他们可以利用设计软件、在线工具或手机应用进行创作，并运用音乐、文字和动画等元素增强表达效果。

7. 社交媒体发布和互动：要求每个小组将他们制作的创意内容发布在社交媒体平台上，如微信朋友圈、小红书、抖音等。鼓励他们与其他同学、朋友和家人互动，分享创意并接受反馈。

8. 评选最佳创意并给予奖励：教师或专业人士对所有提交的创意稿进行评选，并选出最佳创意。为最佳创意团队提供奖励，如奖金、荣誉证书等，以激励学生的积极性和竞争意识。

【项目评价】

序号	评价指标	评价内容	分值	自评	互评	教师评
1	知识与能力指标	能够准确描述不同广告表现工具的特点和区别	5			
2		能够综合运用不同的广告表现工具绘制创意稿	10			
3		能够运用广告图形创意中的一种或多种方法，对给定的广告主题进行图形创作	10			
4		能够制作内容完整、形式新颖的图片、GIF 动画或短视频内容，并能够运用音乐、文字和动画等元素增强表达效果	10			
5	过程与方法指标	能够有效收集、整理和分析相关广告案例，并运用比较方法来总结广告表现工具的特点和规律	5			
6		能够积极参与小组合作，共同讨论并选择适合的广告表现工具进行创意稿绘制，能够通过反思和改进，不断提升创意稿的质量和效果	10			
7		能够分工合作，高效地完成图形创意的制作和编辑；能够利用设计软件、在线工具或手机应用，熟练运用广告图形创意方法制作内容	10			
8		能够在社交媒体上积极互动，与观众分享创意心得并接受反馈	10			
9		培养广告表现的兴趣和热情，提升自身的艺术表达能力和审美能力	10			

续表

序号	评价指标	评价内容	分值	自评	互评	教师评
10		通过合作与分享，培养团队合作精神和集体荣誉感	10			
11	情感态度与 价值观指标	通过反思和改进，培养积极的学习态度和持续改进的意识	5			
12		通过社交媒体的互动，增强对观众需求和反馈的敏感性，并改进自己的创意作品，培养市场洞察力和社交媒体营销的价值观念	5			
		总分	100			

项目五 | 广告印刷制作

项目导入

　　广告印刷制作是广告执行的重要环节，它不仅传递信息、推广品牌、促进销售，还为消费者提供了决策所需的信息支持。通过精心设计和制作的高品质广告印刷品，能够展示企业的专业素质和对细节的关注，让潜在客户对企业产生信任感，与目标受众建立良好的沟通和互动关系。本项目包括制作印刷文件和完成作品印刷两个任务。

项目目标

1. 知识与能力目标

　　（1）通过网络平台接单、参观学习，掌握广告印刷文件制作的基本流程和技巧。

　　（2）能够熟练辨别印刷材料和设备，并能够准确判断一则广告的印制方式。

　　（3）能够主动考虑广告实施过程中的印刷环保问题，关注广告印刷行业的最新技术，如环保印刷、数字印刷、3D打印等。

知识导图

2. 过程与方法目标

　　（1）以小组为单位进行分工合作，锻炼组织能力，培养沟通与协作能力。

　　（2）能够熟练运用相关软件进行广告印刷文件制作。

　　（3）通过观察和学习，能够熟练掌握印刷设备的工作原理和操作技巧。

　　（4）能够严格把控广告质量，确保印刷文件的准确性和可靠性。

3. 情感态度与价值观目标

　　（1）培养团队合作精神，学会在小组中相互支持和合作。

　　（2）培养对印刷行业的兴趣和热爱，并了解行业的发展前景。

　　（3）培养社会责任感和环保意识，学会选择环保材料、减少废弃物和节约能源。

　　（4）培养一丝不苟的专业素养和吃苦耐劳的工匠精神。

📋 项目案例：山田土茶叶品牌

山田土成立于 2014 年，是一个茶生活创意品牌。以茶为载体，以崭新的美学追求有生命力的创意。从茶品、茶器到生活物品，努力探求生活与美的种种可能。从最初寻找好茶的旅程到现在，品牌一直在寻找中国茶与东方文化礼节的创意结合，旨在"让最好的茶，遇见最合适的人"。山田土的团队成员包括设计公司、独立设计师、自由职业者、艺术家。"山田土是一个具有广泛参与度的开放性品牌，致力于实现茶及其原产地物种与文化价值的保护和传播"品牌创始人陈麒羽女士说道（图 1、图 2）。

图 1　2014 年 8 月山田土团队首次创研出标有手作温度的茶作品

图 2 "山田土－冻顶乌龙"包装设计

山田土的极简设计和细腻制作工艺，代表了中国传统的工匠精神。在设计中，山田土尽量剔除多余的元素，保留核心要素，以达到简洁、优美、实用的效果。在制作工艺上，他们注重每个细节和步骤，不断打磨和反复试验，使产品更加精致和完美。这种追求极致、注重细节和品质的精神值得每位设计师学习。

任务一　制作印刷文件

任务内容

学生以小组为单位，通过网络平台接单的形式进行广告印刷文件制作，通过确定需求、文件准备、校对审查、转换格式、导出印刷文件等步骤，完成一份可靠的印刷文件。每位小组成员负责自己的工作，并密切合作，保持良好的沟通、协作和质量控制将是任务成功的关键。

任务目的

通过参观印刷厂并学习印刷知识和印制流程，特别是在印刷色彩、印刷排版和印刷字体等方面，可以获得实际经验和专业指导，提高自己在广告印刷文件制作中的能力，并确保最终产出高质量的广告印刷品。

知识点链接

印刷色彩、印刷排版和印刷字体。

[知识点 1] 印刷色彩

打印机、印刷机、喷绘机等印刷设备的色彩模型通常使用 CMYK，是描述色彩的模型之一，相当于我们可以用不同国家的语言描述一个"苹果"一样。CMYK 是青色、品红、黄色及黑色英文首字母的简称，黑色 Black 为了避免与 RGB 的 Blue 混淆而改为 K，而电视、手机、投影仪、数码相机、扫描仪等都是使用 RGB 的色彩模型。类似的模型还有 LAB 和 HSB 等。

一、四色印刷

CMYK 是吸收光线的颜料色，颜料调配的三原色混合色为黑色，这与光的三原色相反是 RGB 的补色。三原色通过混合可以得出大多数的颜色，虽然理论上三种色彩可以得出黑色，只需要 CMY 三种油墨，但是由于目前制造工艺还不能造出高纯度的油墨，CMY 相加的结果实际是一种暗红色，因此，格外添加黑色油墨组成四色印刷色。

二、专色印刷

因为印刷的色彩范围有限，当我们想表现出在计算机中鲜艳靓丽的色彩时，就需要选择荧光专色来表现。印刷出来的荧光色，是在油墨中添加了荧光剂的专色油墨。任何一种颜色都可以转换成专色，四色合成出的绿色与专色绿对比，专色油墨覆盖性强，具有不透明的性质，在色彩方面也较 CMYK 更加艳丽。从成本来说，专色印刷也会更加昂贵。

[知识点 2] 印刷排版

一、出血位

出血位是印刷术语，是指为确保裁切图像的精准而预留的部分，目的是为避免图文边缘因为裁切的误差而产生的白边而特别延伸的。我们常说的设计尺寸和成品尺寸的区别就是，设计尺寸总是比成品尺寸大，大出的这个范围就是出血位。出血位根据工艺公差范围多数设置成 3 mm，即版面的四个边在实际尺寸的基础上各加 3 mm。

二、分辨率

分辨率决定了位图图像细节的精细程度，对于印刷级别的画面，分辨率基本要求达到 300 或以上，才能保证印刷品的清晰度。分辨率过小会导致字体模糊不清，图像产生马赛克等影响版面品质的情况。在创建好画面尺寸后，首先要注意的就是分辨率的问题。分辨率也不是越高越好，对于需要拿在手上的名片、书籍、明信片等印刷品来说，距离眼睛非常近的画面，需要更高的分辨率和细节，对于早期计算机中的显示器来说，均采用 72 像素即可，而随着行业的发展，越来越多的高分屏幕技术产生，也使手机等移动设备的屏幕解析度逐渐上升。对于需要远距离观看的户外广告来说，分辨率并不需要设置得过高，只要保证画面的清晰度即可。总体来说，我们要根据不同的项目选择适合的分辨率，不可一概而论。

三、字体转曲

在将设计稿件源文件交接给印前工作人员时，需要确保文件内所有字体都是转换成曲线的（矢量模式），因为字体种类众多，制作方计算机中没有相应的字体，为了保证设计文件与最终成品之间的统一性，不会因为字体的缺失而破坏原设计的美观度，在交接前一定要确保所有文字都是经过矢量处理的（转曲线）。

四、图片嵌入

在 Adobe Illustrator 及 InDesign 等软件中，为了避免图片过多而导致的文件变大，拖入软件界面内的图片默认都会以链接的形式呈现在界面中。当与制作方交接文件时，需要确保文件内所有的照片都处于嵌入状态，或者也可以提供内部图片的原文件。以免因为图片没有嵌入，又没有替代文件而导致图片缺失的情况发生。

五、色彩模式

在设计印刷品时，需要采用 CMYK 的印刷色彩进行设计，如果之前采用的是 RGB，则需要在图像菜单中转换色彩模式，这里需要注意的是，转换色彩模式后，检查一下色彩前后的变化程度，并将不理想的色彩重新调整。计算机中的某些图片浏览软件都是针对 RGB 模式的，在观看 CMYK 模式的图像时，多数会出现色彩过曝的情况，这是正常现象，并不会对实际印刷效果产生影响。

六、软件版本

软件的版本通常是向下兼容的，在设计铰接时，我们需要将手中的文件保存成制作方可以打开的版本。另外，从较高版本储存成特别低的版本时，可能会导致某些功能失效或发生不兼容的情况。遇到这种情况，将画面存储成 PDF 或可印刷的 JPG 文件也是一个不错的办法。

七、跨页文字处理

对于需要仔细阅读的文本来说，我们需要避免将其跨页处理，这里所说的跨页是版面中的元素跨越书籍中缝的位置，起到链接左右页面的作用。在多数情况下，将文本跨页处理会导致阅读障碍，特别是细小的文字尤为明显。除非需要表现特殊艺术效果时，可能会将装饰性的文字以图形的概念进行跨页处理。在常规情况下正文作跨页处理都是不可取的。

八、跨页图片处理

在设置图片的跨页编排时，需要注意中缝的位置不要切割到人物的脸部，因为这样会给人物头部被切割的印象，特别是处理企业领导层人物照片时更需要注意。例如，人物的脸部会因为书籍中缝的扭曲而变得难以辨认（图5-1），经过修改，将人物调整位置，避开中缝的地方，整体看来较修改前更加自然一些（图5-2）。

图 5-1　跨页排版人物头像

图 5-2　避开中缝排版人物头像

［知识点 3］印刷字体

一、字体分类

不同的字体有不同的情感色彩，可以将印刷字体分为男性字体、女性字体、中性字体、儿童字体、文化字体等。

二、字体大小

印刷字体的大小要根据整体需要来确定，在一般情况下，标题与标语可大而醒目，正文与随文则可小而精致。文字较多时按内容来断句，分行齐左或齐右或居中编排，以形成点、线、面的呼应和节韵感，使文字与各要素之间相互融合。

三、字体编排

在字体编排时，行距必须大于字距，字距不宜过密，字数不宜过多，字行不宜过长。字体的编排应注重阅读的方向性和连续性，一般来说，横排的易读性强于竖排，竖排的易读性强于曲线排列，这是因为人眼的肌肉上下运动最易疲劳。字体的编排设计一定要在文字清晰、准确、完整地传达信息的前提下，进行形式上的艺术处理，要防止各种影响文字视觉传达效果的现象出现。赏心悦目的文字排列形式，既能引人注目又能引导受众视线的流向，在准确、有效地传达信息的同时，给人留下美好的印象。

任 务 实 施 指 南

1. 确定需求：小组成员共同与客户沟通，明确广告印刷品的要求和规格，包括尺寸、纸张类型、色彩要求等。确定交付时间和预算限制，以确保任务能够按时完成并在预算范围内进行。

2. 分工合作：根据小组成员的专长和技能，分配任务并确定每个人的责任范围。设立一个协作平台或使用项目管理工具，以便小组成员可以共享文件、讨论进展并跟踪任务状态。

3. 文件准备：每位小组成员根据自己的任务，在设计软件中创建或编辑相关部分的设计稿。确保设计稿符合客户需求，并遵循品牌标准和设计准则。

4. 校对审查：每位小组成员负责校对自己所负责部分的文字内容，检查拼写错误、排版问题或其他错误。小组成员之间相互审查彼此的工作，并提供反馈和建议以改进质量。

5. 转换格式和导出印刷文件：小组中负责文件转换的成员将设计稿转换为印刷所需的格式，如PDF、EPS等。确保设置正确的输出参数，包括分辨率、颜色模式和出血区域等。

6. 内部审查和最终确认：小组内部进行最终审查，确保所有设计稿符合客户要求和印刷准则。确认所有文件都已导出为印刷文件，并进行最后的质量检查。

7. 提交给客户或印刷厂：将最终的印刷文件发送给客户或印刷厂，并与他们确认接收情况。如果需要，提供任何其他相关信息，如特殊工艺要求或其他特殊注意事项。

8. 沟通和反馈：在整个流程中，小组成员之间保持良好沟通和合作，及时分享进展、解决问题并提供反馈。向客户或印刷厂及时回应并解决任何问题或调整需求。

任务二　完成作品印刷

任 务 内 容

学生通过参观印刷厂，完成印刷技术、工艺、纸张和流程等知识的学习，了解不同类型的印刷材料，以及它们在印刷过程中的应用和特性；观察和学习不同类型的印刷设备，了解它们的工作原理和操作技巧。了解印刷行业的环保要求，学习如何选择环保材料、减少废弃物和节约能源等。关注行业最新的印刷技术趋势，如3D打印、可变数据印刷和智能化生产等，完成广告作品的印刷制作。

任务目的

通过参观印刷厂，可以获得实际经验和专业指导，全面了解印刷知识，掌握实际操作中的关键要点和技巧，确保制作出高质量的广告印刷品。同时，关注广告印刷环保问题和行业发展趋势，为学生在广告印刷领域的工作提供更加专业和有竞争力的支持。

知识点链接

印刷技术、印刷工艺、印刷纸张、印制流程。

[知识点 1] 印刷技术

从油墨转移到承载物存在着多种技术方法，如平版印刷、凹凸版印刷、丝网印刷、数码直印等。每种印刷技术在制作成本、印刷速度、色彩表现力、批量印刷能力上具有各自的优点与缺点。表 5-1 为印刷技术的优点、缺点对照表，可供参考。

表 5-1　印刷技术的优点、缺点对照表

印刷技术	优点	缺点
平版印刷	制版简便，套色装版准确，价格低，易于制作大数量印刷品	颜色鲜艳程度欠佳，特殊印刷应用有限
凸版印刷	油墨厚重、色彩艳丽，可用于任何印刷材料，可制作曲面印刷	印刷速度慢，生产效率低
凹版印刷	应用纸张广泛，色彩表现力强，版面耐度强，通常用于证券、货币印刷	制版和印刷费用昂贵，不适合少数量印件
丝网印刷	油墨厚重、色彩艳丽，可用于任何印刷材料，可制作曲面印刷	印刷速度慢，生产效率低
数码直印	无需制版，灵活迅速，印制时间短	油墨附着力差，大量印制成本高

不同的印刷方式会产生不同的印刷效果。在设计过程中为了保证成品的最终表现力，应预先考虑后期的工艺应用及控制印刷的时间与成本。

一、平版印刷

平版印刷是利用水与油不相容的自然现象，印版上图文的区域能亲油疏水，而空白的区域能亲水疏油的选择吸附性而达到的。采用间接的印刷方式，平板上的油墨与水通过压力转移到橡胶滚筒上，再由着墨的滚筒压印到纸张上面。平版胶印在我国印刷行业中占据着主要地位，具有可多色套印，色彩鲜艳，印刷幅面大，杂色与污点少及画面平整等优势。印刷品质量不会由于持续高速印刷作业而降低，适合大批量的高速作业。

二、凸版印刷

凸版印刷类似印章的原理，因为空白部分低于印刷的油墨部分，所以压印时空白部分不会附着油墨。由于图文部分与空白部分不在一个平面，通过压力印刷到纸面上空白部分会微微凸起，带有油墨的部分则会向下凹陷一些。凸版印刷技术是第一个被商业广泛运用的印刷工艺，早期仅能运用活字印刷文字信息，发展至今，图像雕刻版也已经可以出现在凸版印刷中了。

三、凹版印刷

凹版印刷与凸版印刷相反，图文的部分低于空白的部分。凹陷程度会随图文的层次而产生深浅变化，凹陷内的油墨量不同会使承载物纸上的油墨在浓淡上更有层次。印刷时，全版都涂抹上油墨，之后由刮墨机械刮去空白部分的油墨（图5-3）。

图5-3　西班牙设计师Atipo为明克公司设计的《2015年快乐白年日历》

四、丝网印刷

丝网印刷，属于孔板印刷，起源于距今2 000多年的中国，其原理是印版上图文部分的网孔为通孔，而空白部分的网孔被堵住，通过刮板将油墨挤压到网孔内并转移到纸张上，得到与原稿一样的印刷内容。丝网印刷成本低，设备与操作简单容易，适用性较强。印版的大小不受限制，这是其他印刷技术不能相比的（图5-4）。

图5-4　上海滚动版画工作室为艺术家印刷制作的版画作品

Risograph 是一种孔板印刷，它有丝网印刷的质感，但使用起来远比丝网印刷简便，多用于制作独立出版物。近几年 Risograph 成为很多艺术家的新宠，它的油墨色彩和质感真的很不错，让很多人爱不释手。Risograph 的色彩数量虽然不多，但是独特的荧光色深受艺术家们的偏爱。普通印刷无法达到的荧光色，在 Risograph 印刷中则非常便于实现（图 5-5）。这种类似网点状的肌理效果，源自 Risograph 印刷机器内部的图像转换系统。通过将印刷内容转换为半色调模式的影像数据，印刷母版上会呈现微细的小孔，最终这些颗粒质感被留存在纸张上。

图 5-5　上海加餐面包（Pausebread Press）印刷工作室 Riso 印刷色卡

五、数码直印

数码直印通常是指印刷材料从计算机或输出设备中直接生产印刷成品的技术。数码直印通常使用墨粉，虽然成品色彩鲜艳，但不适合长期保存。目前，数码直印的印刷质量与成本均高于传统印刷，而相对于传统印刷，数码直印的交货速度具有明显优势，是印刷打样的首选。需要注意的是，数码直印在色彩方面虽然明亮鲜艳，但大面积印刷时会出现不均匀的表现。数码直印可分为喷墨印刷和激光打印。

（1）喷墨印刷。喷墨印刷是一种"与承载物非接触"的印刷形式，它没有压力与印版，将计算机中的信息输入喷墨打印机即可印刷。因为不受材料限制，所以可以在多种材料上进行印刷，可以一次性印刷完成，无需制版和晒版及重复套色。油泵以一定压力将油墨喷出，常用于户外广告、室内装饰等领域。

（2）激光打印。激光打印脱胎于 20 世纪 80 年代末的激光照排技术，利用激光将图文快速投射到感光鼓表面，被光束击中的位置会发生电子充电现象，吸引纤细的墨粉颗粒从感光鼓传输到经过高热滚筒加热后的纸面。墨粉分为青、品红、黄和黑等颜色。激光打印具有速度快、成像质量好等优点，但相对成本也比较昂贵。

［知识点 2］印刷工艺

常见印刷工艺有以下几种：

（1）烫金、烫银。烫金是一种印刷装饰工艺，将金属印版加热、施箔，在印刷品上压印出金色文字或图案。烫金常用于书籍封面、礼品盒、高档名片、商品包装等领域。

烫银的工艺原理与烫金基本相同，只是使用的材料有一定的不同，能够给人留下高端与品质的印象。烫银后图案清晰、美观，色彩鲜艳夺目，耐磨、耐候。

（2）UV。UV 上光油是利用 UV（Ultra Viole，紫外线）照射来固化上光涂料的方法。UV 在书籍、杂志封面等印刷品的光泽加工方面得到了广泛的应用。

（3）压凹。将图文雕刻成金属版，类似印章阳刻的原理，通过器械重压到纸面之上。这里需要选用较厚的纸张效果会更好一些，通过压力形成下凹的手感。

（4）压凸。压凸时采用一组图文阴阳对应的凹版和凸版，将纸张置于中间位置，通过施加较大的压力压出浮雕状凹凸图文。这种工艺具有生动美观的立体感。

（5）镂空、模切。镂空工艺是运用激光雕刻原理，实现图文的切割、打孔、划线、影雕等加工。模切是通过激光在雕刻物上蚀刻图形或切割外观轮廓，运用领域相当广泛，适用于各种场景。

（6）镭射膜。镭射膜不仅具有新颖、亮丽的外观效果，还具有高技术防伪功能，被称为世界包装印刷业中最前沿的技术产品。镭射膜常用于商品包装、书籍画册等领域。

（7）覆膜。覆膜是在纸张上裱一层透明的塑料薄膜，属于印后加工的一种主要工艺。按材质分类，覆膜可分为光膜和哑膜。对于印刷品来说，使用覆膜工艺在提升美观度的同时也具有保护作用。

［知识点 3］印刷纸张

一、纸张规格

正度纸张尺寸源于民国时期的印刷标准，早期的字典、书籍、报纸等基本采用正度规格的纸张印刷。而大度纸是国际 ISO 标准，源于德国，也是目前我国的标准纸张尺寸。由于尺寸上比正度纸大，所以称为大度纸。所谓开数就是对半切成几份的意思。目前，正度纸与大度纸在印刷领域平分秋色，均为常用印刷纸张尺寸，主要应用于印刷成品。艺术纸是特种纸里的精细分支，即是一种特殊纸张，通过加工设备和工艺，其具有丰富的色彩和独特的纹理，从而具备独特的魅力。同时艺术纸也是一类创意型纸张，使用者可以根据自己的喜好和想象，将不同的设计元素、品牌元素融合到纸张内，以实现展示形象、表达情感及传递信息的需求。

A4 纸是由国际标准化组织的 ISO 216 定义的，规格为 210 mm×297 mm，世界上多数国家所使用的纸张尺寸都是采用这一国际标准，此标准源自德国，1922 年通过，定义了 A、B、C 三组纸张尺寸，其中包括知名的 A4 纸张尺寸，C 组纸张尺寸主要用于信封。很多打印机和设计软件都使用这个标准，在打印及设计领域应用较多。以 A 系列为例，A0 切半为 A1，A1 切半为 A2，以此类推（图 5-6）。该系列尺寸具有恒定的长宽比，无论经过多少次对折都会始终保持相同的长宽比。其中，A3 ～ A6 及 B4 ～ B6 是复印纸的常用规格。

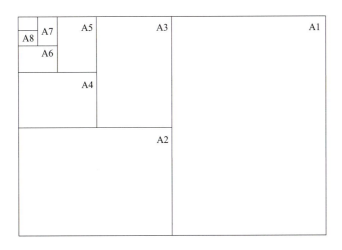

图 5-6　A 系列纸张开数示意图

二、纸张材质

1. 铜版纸

铜版纸又称涂布印刷纸，在中国香港等地区称为粉纸。它是在原纸上涂布白色涂料制成的高级印刷纸，分为单铜纸和双铜纸。因为压光面的不同，又分为亮光纸和哑光纸。它主要用于印刷高级书刊的封面和插图、海报、明信片、商标等。

2. 胶版纸

胶版纸也称胶版印刷纸，旧称"道林纸"，同样属于比较高档的印刷纸。它是在漂白木浆制成的原纸上施胶而成，分为单面胶版纸和双面胶版纸。胶版纸多用于彩色印刷品，为使油墨能够复原出原稿的色调，要求具有一定的白度及光滑度。胶版纸对油墨的吸收性均匀、抗水性能强，密度和印刷效果比铜版纸差一些。

3. 凸版纸

凸版纸由漂白的根茎类纤维浆支撑，表面可不施胶或微施胶，是采用凸版印刷书籍、杂志时的主要用纸。凸版纸分为 1 号、2 号、3 号和 4 号四个级别。号数代表纸质的优劣程度，号数越大则纸质越差。凸版纸的特点是质地均匀、不起毛、略有弹性、有一定的机械强度等，适用于著作、图书、学术刊物、教材等。

4. 白卡纸

白卡纸也称为白板纸，是指完全用漂白化学制浆制造并充分施胶的单层或多层结合的纸，适用于印刷和产品的包装。它分为单面白底和双面白底两种。这种纸的特征是平滑度高、挺度好、整洁的外观和良好的匀度。

5. 拷贝纸

拷贝是英文"Copy"的音译，译为"复制"。拷贝纸是一种生产难度相当高的高级文化工业用纸。拷贝纸主要用于印刷多联单，适合复写、打字。拷贝纸具有较高的物理强度，优良的均匀度和透明度，良好的表面性质，以及细腻、平整、光滑、无泡泡沙、良好的适印性。由于拷贝纸呈半透明状，在书刊印刷中，主要用于装帧有画像页的护页使用。

6. 新闻纸

新闻纸也称白报纸，是报刊及书籍的主要用纸，适用于报纸、期刊、课本、连环画等正文用纸。新闻纸是以机械木浆或其他化学浆为原料生产的，含有大量的木质素和其他杂质，不宜长期存放。保存时间过长，纸张会发黄变脆，抗水性能差，不宜书写等。新闻纸的特点：纸质松软、有较好的弹性；吸墨性能好，这就保证了油墨能较好地固着在纸面上。纸张经过压光后两面平滑，不起毛，从而使两面印迹比较清晰而饱满。

7. 牛皮纸

牛皮纸通常呈黄褐色，采用硫酸盐针叶木浆为原料，经打浆，在长网造纸机上抄造而成，可用作袋子和包装纸等。依性质与用途的不同，牛皮纸又有各种不同的用途。牛皮纸是一类纸的统称，并没有一定的规范，一般根据其性质和用途的不同加以分类。

8. 艺术纸

艺术纸种类繁多，由不同材质的材料制成，是各种特殊用途纸或艺术纸的统称，特种纸是具有特殊用途的、产量比较小的纸张。艺术纸工艺各不相同，作为装饰纸张被广泛应用于时尚前卫的包装、印刷品、书籍、画册等，但价格相对高于普通纸张。

按照纤维长度分类，艺术纸可分为短纤木浆和长纤木浆。短纤木浆是以阔叶木为原料，采用硫酸盐法蒸煮（或机械磨解）、漂白后制成的一种化学纸浆。长纤木浆是以针叶木为原料，采用硫酸盐法蒸煮（或机械磨解）、漂白后制成的一种化学纸浆。纤维的长度决定了纸张的耐折度，短纤维的纸张容易开裂，长纤维的纸张具有较好的挺度和耐折度。短纤纸较易获取且成本较低，适用于印刷类大批量用纸。长纤纸原料昂贵且造价成本较高，但出来的纸张韧性、挺度好，适用于各类包装用纸。

按纸浆成分分类，艺术纸可分为原生纸、再生纸、环保纸。原生纸使用原生纸浆制成；再生纸使用废弃分类料，融合原生纸浆制成；环保纸使用再生纸及部分原生纸（拥有 FSC 资质认证的原生纸）制成。再生纸由于工序复杂及部分使用脱墨浆，总体而言成本较高。

按生产工艺分类，艺术纸可分为涂布纸和未涂布纸。涂布纸表面有涂布层，印刷时油墨受到阻隔，不会渗入纸张纤维层，因此色彩还原度高，适用于数码印刷和普通印刷。未涂布纸印刷时，表面不受任何阻隔，油墨会渗入纤维空隙中，这种现象称为"吸墨"。未涂布纸印刷色彩呈现哑光的质感，适用于普通印刷，但不适用于数码印刷（图 5-7）。

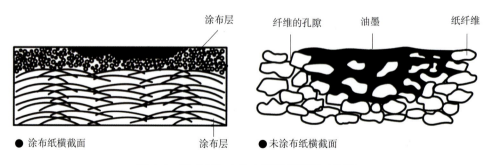

图 5-7　涂布纸与未涂布纸的横截面对比图

珠光纸由底层纤维、填料和表面涂层三部分组成。其表面涂层中有形成珠光效果的颗粒，使纸张表面具有金属光泽。由于珠光纸表层的珠光原因，印刷干燥速度较慢，建议采用快干型油墨。

花纹纸是指纸张表面具有一定花色纹路的纸张，最初也称其为"压纹纸"，后因加工程序多样化，逐渐统称为花纹纸。花纹纸又分为机内压纹和机外压纹（图5-8、图5-9）。花纹纸的特性是纸张纹路清晰，结合印刷、凹凸、烫金等工艺需要适当加大压力。花纹纸颜色鲜艳、耐磨、抗折皱。其适用于高档品包装、化妆品盒等。

图5-8　机内压纹　　　　　　　　　　　　图5-9　机外压纹

特殊工艺纸张包括触感纸、烫透纸、水洗纸等。其中，触感纸表面具有肌肤触感。烫透纸，又称雪之子，是通过加热表面后，受热部分变为透明的纸。烫透纸的特征是凹凸错落、透明立体，具有独特的创意效果。

由蓝碧源研发的一款"会游泳"的纸 Papersense，属于特殊材质纸张，融合纯木浆与纤维浆制造，低碳环保，同时具备纺织品的耐水洗、可干洗等材质特性，可重复多次使用（图5-10）。

图5-10　蓝碧源艺术纸张

三、纸张克重

纸张克重是指纸张每平方米的重量。相同克重的纸张，由于材质不同，以及工艺技术的不同，它们的大小与薄厚也不一定相同。纸张材质松软、密度低则纸张厚；纸张材质坚硬、密度高则纸张薄。

[知识点 4]印制流程

印制流程主要包括资料准备、设计排版、稿件校对、印刷文件、印刷制作，如图 5-11 所示。

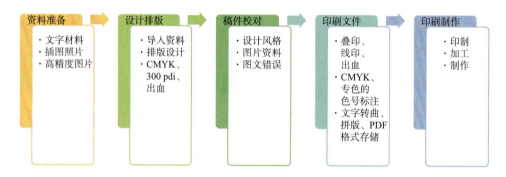

图 5-11　印制流程图

任务实施指南

1.确定目的：明确参观印刷厂的目的，并罗列出学习清单，包括学习印刷技术、工艺、纸张和流程等方面的知识。

2.预约参观：与印刷厂联系，预约参观时间，并确认能够参观到所关注的印刷技术、工艺和流程环节。

3.准备问题：提前准备一些问题，以便在参观时向相关人员咨询，了解更多关于印刷技术、工艺和流程等方面的知识。

4.参观过程中注意事项：

（1）注意安全：遵守现场安全规定，穿戴适当的个人防护装备。

（2）观察细节：仔细观察各个环节的操作过程和设备使用情况，关注印刷技术、工艺和流程等方面的细节。

（3）与专业人士交流：与从事相关工作的专业人员交流，向他们请教有关印刷技术、工艺和流程等方面的问题。

5.学习印刷技术和工艺：

（1）了解不同类型的印刷技术和工艺，如平版印刷、凹版印刷和数码印刷等，以及它们的特点和应用领域。

（2）掌握印刷工艺中的关键步骤和操作要点，如文件准备、色彩管理、排版和后期加工等。

6.学习纸张和其他印刷材料：

（1）了解不同类型的纸张和其他常见的印刷材料，包括它们的特性、选择标准和使用方法。

（2）学习如何根据不同的印刷需求选择合适的纸张和材料。

7.学习印刷流程：深入了解印刷过程中的各个环节，包括文件准备、色彩管理、排版、打样、印刷和后期加工等。了解每个环节中的关键步骤、设备使用和质量控制要点。

8. 关注环保意识：注意观察印刷厂对环保要求的实践情况，学习如何选择环保材料、减少废弃物和节约能源等。

9. 关注行业发展趋势：了解行业最新的印刷技术趋势，如 3D 打印、可变数据印刷和智能化生产等，为自己的工作提供更多可能性。

【项目评价】

序号	评价指标	评价内容	分值	自评	互评	教师评
1	知识与能力指标	通过网络平台接单、参观学习，掌握广告印刷文件制作的基本流程和技巧	5			
2		能够熟练辨别印刷材料和设备，并能够准确判断一则广告的印制方式	5			
3		能够主动考虑广告实施过程中的印刷环保问题，关注广告印刷行业的最新技术，如环保印刷、数字印刷、3D打印等	10			
4	过程与方法指标	以小组为单位进行分工合作，锻炼组织能力，培养沟通与协作能力	10			
5		能够熟练运用相关软件进行广告印刷文件制作	10			
6		通过观察和学习，能够熟练掌握印刷设备的工作原理和操作技巧	10			
7		能够严格把控广告质量，确保印刷文件的准确性和可靠性	10			
8	情感态度与价值观指标	培养团队合作精神，学会在小组中相互支持和合作	10			
9		培养对印刷行业的兴趣和热爱，并了解行业的发展前景	10			
10		培养社会责任感和环保意识，学会选择环保材料、减少废弃物和节约能源	10			
11		培养一丝不苟的专业素养和吃苦耐劳的工匠精神	10			
		总分	100			

项目六 广告实战训练

项目导入

　　广告实战训练以项目实践为基础，结合竞赛题目、商业项目，完成广告创意任务和项目实施，培养学生的广告创意思维和实践能力。该项目旨在让学生了解广告产业链的各个环节，并锻炼自己的团队协作、创意表达、市场营销等多方面能力。通过参与广告实战项目，学生可以更好地了解行业发展趋势和市场需求，提高自己的专业技能和职业素养，同时也为将来就业做好准备。该项目包括完成竞赛命题广告设计和完成商业广告设计两个任务。

项目目标

1. 知识与能力目标

　　（1）能够独立研究相关的专业文献和案例，了解广告设计的主题与核心概念和相关实践经验。

　　（2）能够熟练使用设计软件和工具，掌握图形设计、排版和色彩运用等技术要点。

　　（3）能够充分了解不同媒体平台上的广告制作要求，如平面广告、电视广告、网络广告等。

　　（4）能够精准分析目标受众和市场趋势，将其应用于广告策略和设计方案中。

　　（5）能够掌握良好的项目管理技巧，包括时间管理、资源分配和进度控制等。

2. 过程与方法目标

　　（1）通过深入分析竞赛命题的要求、商业需求，明确任务目标，并确定适合的广告主题、制订详细的项目计划，包括任务分解、时间安排和资源需求等。

　　（2）通过团队合作，考虑团队成员的专长和兴趣，合理分配任务，确保每个成员都清楚自己的任务和职责，并建立有效的沟通渠道，确保任务之间的协调与衔接，包括定期会议、在线协作工具等，以便及时交流和解决问题。

　　（3）能够相互监督，及时调整分工和资源配置，以保持整个团队的协同效率。

　　（4）能够运用设计思维方法，深入了解目标受众的需求并提供创新解决方案，通过多样化的设计技巧和元素运用，打造富有视觉冲击力和吸引力的广告作品。

3. 情感态度与价值观目标

　　（1）培养团队成员的团队合作精神和沟通能力，增强团队凝聚力。

　　（2）通过参与竞赛和展示作品，激发团队成员的自信心和创造力。

　　（3）在总结经验教训时，学会接受失败并从中吸取教训，培养积极向上的态度。

📝 项目案例：三宅一生服装广告

三宅一生（Issey Miyake）是一位著名的日本服装设计师。他的服装品牌以富含创造力、充满细节、简洁利落、方便且符合需求而闻名。以下这则不是餐厅或美食广告（图1），而是日本知名平面设计师佐藤卓（Taku Satoh）为三宅一生旗下品牌 PLEATS PLEASE 所作的系列视觉创意。文案为"请，来点褶皱"。创意灵感来源于三宅一生独特的褶皱面料和日本寿司，这一创意让消费者看见广告的第一感觉是：哇！看起来真好吃，我想吃它。鲔鱼、玉子、烧鳗等寿司和冰淇淋丝滑、柔软又缤纷。

图1　PLEATS PLEASE 寿司主题广告

之后，佐藤卓又与三宅一生合作，推出了动物系列广告。如图2所示，PLEATS PLEASE 因材料的皱褶特性而个性十足，佐藤卓选择了神秘多彩的森林为主题，因为森林是孕育生命的地方，充满着蓬勃的朝气。

图2　2019年 PLEATS PLEASE 的品牌广告"森林"

任务一 完成竞赛命题广告设计

任务内容

学生以小组为单位，参加专业学科竞赛，完成竞赛命题广告设计。首先，通过选定任务目标和主题、研究竞赛规则和要求、组织团队和分工、制订项目计划等前期准备，有序开展任务。然后，通过创意策划和设计，呈现出兼具清晰度、创意性和视觉吸引力的广告作品。最后，准备参赛材料，跟踪竞赛结果，总结经验教训，并提供反馈和建议。

任务目的

以完成竞赛命题广告设计为契机，培养学生的创意思维能力和广告策划与制作技巧，不断提升自身专业技能和素养，增强团队合作意识，并有机会在权威竞赛中展示其才华。

知识点链接

竞赛命题案例剖析。

[案例 1]《杜绝抄袭》主题系列广告

罗亦汝同学通过观察和调研选择了"抄袭"作为自由主题的广告创作。她发现抄袭现象在设计行业中普遍存在，尤其是在商业广告和设计竞赛中频繁曝光。这种行为严重损害了原创者的利益，也对创意行业带来不良影响。尽管知识产权法保护了创意，但仍有人抱着侥幸心理剽窃他人成果。

通过深入调研，她发现抄袭行为的根源包括习得性无助、思想空洞、教育匮乏及社会因素等。她将这些关键词图形化，如脑袋的空洞和思想受限的形象，并加入预警标志。在此基础上，她还设计了一系列与概念相关的图形和文字，丰富了海报及周边产品的画面。通过视觉呈现，她希望引发受众对抄袭问题的深思（图 6-1）。该作品获 2022 年"米兰设计周——中国高校设计学科师生优秀作品展"二等奖、2022 年"未来设计师·全国高校数字设计艺术大赛"二等奖。

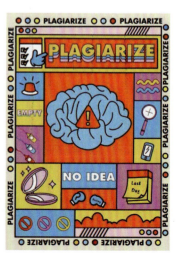

图 6-1 《杜绝抄袭》系列主题海报及衍生品设计 罗亦汝

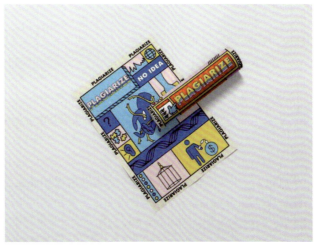

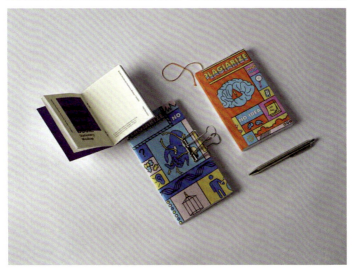

图 6-1　《杜绝抄袭》系列主题海报及衍生品设计　罗亦汝（续）

图 6-1　《杜绝抄袭》系列主题海报及衍生品设计　罗亦汝（续）

[案例2]《宋韵·四雅》主题插画广告

　　翁梓怡同学对宋代文化充满了浓厚的兴趣，并希望通过自己的插画作品，将宋代的四雅事——点茶、插花、焚香、挂画重新呈现给更多人。她深知这些传统文化在现代社会逐渐消失，很多人对其了解甚少，因此决心以自己的方式来保留和传承这些宝贵的文化遗产。

　　翁梓怡同学仔细研究了宋代工笔画的特点，尤其是勾线"细"的技法。她发现这种细腻而精致的线条可以更好地展示出四雅事中的细节之美。因此，在创作过程中，她注重捕捉每个动作和场景的精华，并运用细腻的线条勾勒出每个细节，使观者能够更清楚地理解和感受到其中所蕴含的意境与情感。

　　另外，为了让观者更好地理解四雅事的背后故事和文化内涵，翁梓怡同学采用了分镜的形式来展示作品。通过将不同场景和动作分割成不同的画面，她能够更准确地传达每个雅事的特点和意义。观者可以逐个欣赏每一幅画面，深入了解其中所蕴含的文化价值和美学理念。

　　通过这样的创作方式，翁梓怡同学希望能够唤起人们对宋代文化的兴趣，并让更多人了解和珍视这些消失的传统文化。她相信，通过她的插画作品，可以为传承和弘扬宋代文化做出自己的贡献（图 6-2）。

图 6-2　《宋韵·四雅》插画作品　翁梓怡

[案例3]《争创文明城市》系列海报

　　潘丽娜同学选择以"争创文明城市"为主题进行创作。她将金华城市的特色建筑尖峰山、八咏楼、万佛塔和婺剧院等元素拼凑在一起，形成了金华城市的独特形象。这一系列广告作品（图6-3）在金华广告协会组织的"创意金华"比赛中获得了一等奖，并在全市范围内进行了宣传投放。通过参加比赛让潘丽娜同学的专业水平得到了业界的认可，给予了她极大的鼓舞。

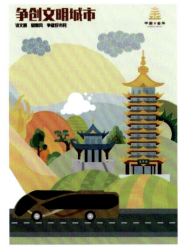  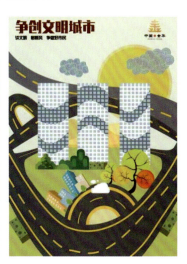

图6-3　《争创文明城市》　潘丽娜

[案例4]《无界》系列海报

　　在生活中，人们常常受到某种束缚而无法自由思考、观察和谈论。只有突破束缚，达到无界状态，才能深入思考、观察和谈论。林铭、程馨雨两位同学共创的系列海报《冲破束缚即无界》（图6-4），通过大脑、嘴巴、眼睛被束缚来表达这种限制，画面展示了两股力量的较量，突出了束缚的存在。该系列海报获浙江大学生多媒体竞赛一等奖，创作者希望唤起人们对束缚界限的思考，追求无界状态。

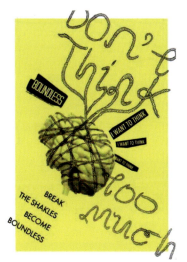 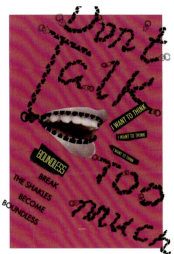 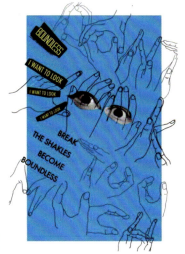

图6-4　《无界》系列海报《冲破束缚即无界》　林铭、程馨雨

[案例 5] 全国大学生广告艺术大赛主题广告

通过广告设计课程的学习，学生积极参加了各项广告比赛活动，其中包括备受关注的全国大学生广告艺术大赛。他们以自己独特的创意和才华，呈现出一系列令人惊艳的参赛作品。在参赛过程中，学生经历了前期调研、创意构思、视觉呈现和印刷制作等环节。他们不仅是简单地完成了作品，更是通过这一过程全面了解了比赛的流程和要求，并且锻炼了自己的设计能力和团队合作精神。图 6-5～图 6-19 所示为参赛作品，展示了学生对市场需求的洞察力和创新思维，同时也展示了他们对广告设计技巧的掌握和运用。通过参与比赛，学生不仅提高了自身专业水平，还获得了宝贵的实践经验和认可，为未来职业发展奠定了坚实基础。

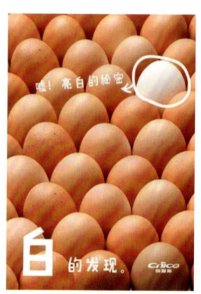

图 6-5 纳爱斯系列海报《虚！亮白的秘密》 陈晓溢

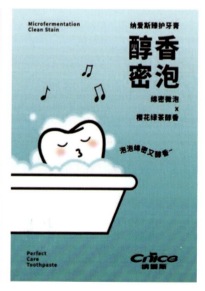

图 6-6 纳爱斯系列海报《微酵洁渍》《谷物美白》《醇香密泡》 单佳静

图 6-7　云南白药系列海报《随心所欲的味道》　金丹妮

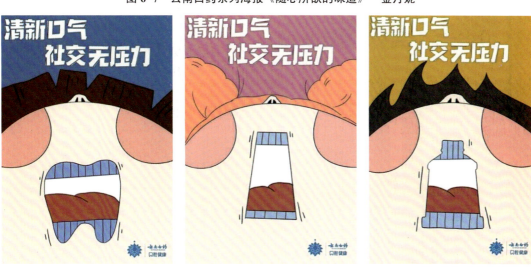

图 6-8　云南白药系列海报《清新口气 社交无压力》　梅思睿

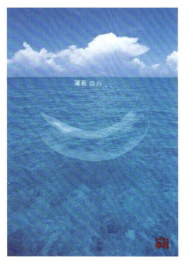

图 6-9　赤尾避孕套主题海报
《薄若隐身》　赵修园

图 6-10　百年润发系列海报《百年润发解烦恼》　赵修园

图 6-11　百年润发系列海报《海》《草》《麦》　杨梦想

 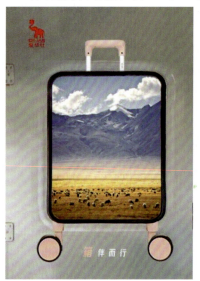 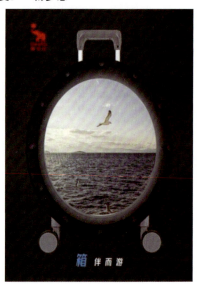

图 6-12　爱华仕箱包系列广告《箱伴而航》　杨雨欣

图 6-13　爱华仕箱包系列海报《一路伴你 一路箱》　周鑫楠

图 6-14　爱华仕箱包
主题海报《世界之大
一箱容纳》　朱潜舒

图 6-15　百年润发系列海报《关闭油腻》《顺滑待机》《重启光泽》　杜安旻

图 6-16　雕牌系列海报《一杆清台 横扫千军》《一击满贯 全效清洁》　金俊兰

图 6-17　雕牌系列海报《横扫千军》《百发百中》　雷彬彬

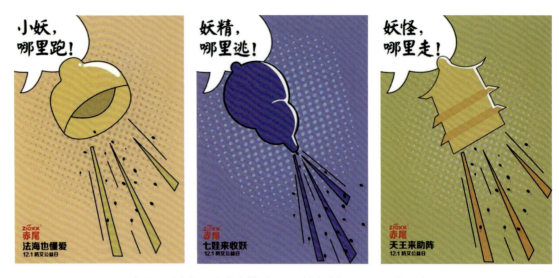

图 6-18　赤尾系列海报《法海也懂爱》《七娃来收妖》《天王来助阵》　金俊兰

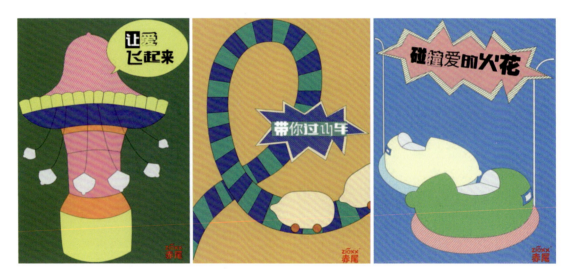

图 6-19　赤尾系列海报《旋转木马》《过山车》《碰碰车》　明烨

任务实施指南

1. 前期准备：

（1）选定主题：选定合适的竞赛命题作为本次任务主题。

（2）研究规则：详细了解竞赛的规则和要求，包括参赛资格、作品要求、评选标准等。教师对重点和难点进行解读，辅助学生读懂竞赛规则和要求，确保他们理解并遵守相关规定。

（3）组队分工：学生分成若干小组，明确每个小组的成员和职责。每个小组应包括策划、设计、制作和宣传等方面的成员。

（4）制订计划：制订详细的项目计划，包括任务分解、时间安排和里程碑等。确定每个阶段的截止日期，以确保任务按时完成。

2. 策划与创意：学生通过搜集资料、市场调研和目标受众分析，全面了解广告产品与品牌。进行头脑风暴，绘制思维导图，利用广告创意方法激发创意思维，从整体概念出发，为广告制定系列概念。

3. 广告呈现：选择使用合适的媒材、图形创意技法进行广告制作，包括平面设计、视频剪辑等。强调广告内容的清晰度、创意性和视觉吸引力，并确保与竞赛要求相符合。

4. 准备参赛材料：准备参赛所需的材料，包括申请表、作品说明、演示文稿等。确保所有参赛材料符合竞赛规定，并在截止日期前完成提交。

5. 跟踪和总结：跟踪竞赛结果和反馈，包括评审意见、奖项情况等。总结任务过程中的经验教训，并提供反馈和建议，改进和提升广告策划与制作能力。

任务二　完成商业广告设计

任务内容

学生以小组为单位，参加商业项目，完成商业广告设计任务。首先，通过选定任务目标和主题、研究广告主的需求、组织团队和分工、制订项目计划等前期准备，有序开展任务。其次，通过创意策划和设计，呈现出兼具清晰度、创意性和视觉吸引力的广告作品。最后，准备提案材料，跟踪项目进度，总结经验教训，并提供反馈和建议。

任务目的

以完成商业广告任务为契机，培养学生的创意思维能力和广告策划与制作技巧，不断提升自身专业技能和素养，增强团队合作意识，并有机会在实际商业项目中展示其才华。

知识点链接

商业项目案例剖析。

[案例1] 金枪鱼松包装广告

金枪鱼松包装广告设计（图6-20）是由大洋世家（浙江）股份有限公司委托师生设计团队完成的实战案例。在进行前期调研后，我们深入了解了金枪鱼松的产品特点和目标受众，并通过细致的市场分析将广告受众锁定在少年儿童群体。为了吸引他们的注意力，采用了童真童趣的设计风格。

在插画方面，选择了可爱生动的形象，如海洋动物，以营造愉悦的氛围。同时，运用活泼稚拙的字体来呈现产品名称和宣传语，增加亲和力和趣味性。为了增强视觉冲击力，采用了高饱和度和强对比的色彩方案，使广告更加明亮、鲜艳，并传达出活力与欢乐的感觉。

金枪鱼松包装广告设计经过甲方高度认可后，成功投放市场。这个实战案例是一个成功的合作项目，既满足了甲方对于广告设计的需求和期望，也为学生提供了宝贵的实践经验。通过参与这样的实际项目，学生能够更好地理解市场需求和行业趋势，并且在团队合作中培养沟通技巧和创造力。

图6-20 大洋世家包装设计

[案例2] 控体运动品牌广告

控体运动的商业委托项目是一个综合性的广告项目，包括品牌形象设计和空间氛围设计等内容。在这个项目中，学生需要综合运用平面设计能力、空间展示能力、沟通交流能力和组织协调能力等来完成设计任务（图6-21～图6-27）。

为了突出控体运动的女性化特点，师生团队选择了温馨、柔和的莫兰迪色作为主色调，并采用纤细、曲线的字体来传达柔美与优雅。通过现代简约的几何图形插画，他们成功地吸引了女性消费者。在品牌形象设计方面，学生精心考虑控体运动的目标受众和市场定位，以确保设计与品牌形象相符合。在空间氛围设计方面，注重营造舒适宜人的环境，并通过布局、灯光和装饰等元素来塑造独特而吸引人的空间氛围。

通过这个商业委托项目，学生得到了实际项目经验，并锻炼了多项技能。他们不仅展示了出色的创意和设计能力，还展现了良好的沟通和协调能力，以确保项目顺利进行并达到客户的期望。

图 6-21 控体运动品牌形象标志

塑形　　　　　　　　　　曲线

图 6-22 标志灵感来源

图 6-23 标准色及标准字体

图 6-24　控体运动徽章

图 6-25　控体运动前台

图 6-26　控体运动宣传广告（一）

图 6-27　控体运动宣传广告（二）

[案例 3] 马涧杨梅汁包装广告

鲍泉希同学是兰溪人，她发现家乡盛产杨梅，七八月份杨梅成熟时价格便宜，但人工采摘成本较高。为了提高果民的收入，她进行了调研，发现目前市面上的杨梅汁存在工厂多、产品粗放、包装简单、缺乏品牌效应和文化内涵的问题。

为了改变这种状况，鲍泉希同学决定重新设计农产品包装，以年轻一代消费者为目标受众。她希望通过塑造马涧杨梅汁的品牌形象，增加知名度，拓宽市场，并增加果农的收入。

她将杨梅生长的四个重要因素——山、水、风、光拟人化，并设计了四个人物造型。结合不同口味的杨梅汁（杨梅原浆、低糖杨梅、杨梅＋枇杷、杨梅＋桑葚），她设计了四款包装。最终的杨梅汁包装具有时尚简约的特点，同时富有地方特色和文化气息（图 6-28 ～图 6-31 ）。在产品测试中，这种重新设计的杨梅汁包装受到了年轻人的喜爱，并成功赢得了市场。通过鲍泉希同学的努力，马涧杨梅汁成功塑造了品牌形象，增加了知名度，拓宽了市场，并提高了果农的收入。

图 6-28　马涧杨梅汁包装广告（一）

图 6-29　马涧杨梅汁包装广告（二）

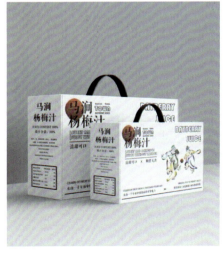

图 6-30　马涧杨梅汁包装广告（三）

图 6-31 马涧杨梅汁包装广告细节图

［案例 4］有姝国风品牌广告

苏雨珊同学为国风女装品牌"有姝"进行了品牌形象设计（图 6-32）。她通过调研，将品牌定位为线上女性时尚国风品牌，展现了盛唐时期丰富多样的服装风格。她的设计包括 Logo、海报和产品包装，都充满了浓郁的中国风。色彩运用方面，她采用了低饱和度的中国古典配色，如金色、红色和蓝色，以唐代风情为主题。

图 6-32 有姝国风品牌设计 苏雨珊

图 6-32　有姝国风品牌设计　苏雨珊（续）

　　为了进一步提升品牌的国际影响力，苏雨珊同学继续深入探索跨文化设计领域，她寻找了与中国风相融合的中英文字体进行搭配。另外，她还通过深入了解国外消费者的需求和喜好，将中国故事与时尚元素相结合，以打造更具吸引力和竞争力的国际品牌形象。

[案例5]《亘古亘今——许炯山水画展览》海报广告设计

图6-33～图6-37是周奕辰同学的作品，她选择了以水墨艺术展作为主题，融合书法线条元素，运用拆解、重组等艺术手法进行创作，隐喻"见山是山，见山不是山，见山又是山"的不同艺术境界。这组作品能够将抽象的艺术内涵通过视觉方式呈现出来，有内涵、有深度、有颜值。通过选择水墨艺术展作为主题，并融入书法线条元素及创新的艺术手法，成功地设计出富有内涵和深度的海报。这些作品不仅能够传达出许炯山水画的独特魅力，还能够吸引观者的注意力。通过整合抽象的艺术内涵与视觉呈现，成功地展示了她对许炯山水画风格的理解和创意表达能力。

图6-33 展览海报设计 周奕辰

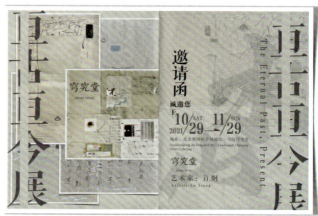

图6-34 展览邀请函设计 周奕辰

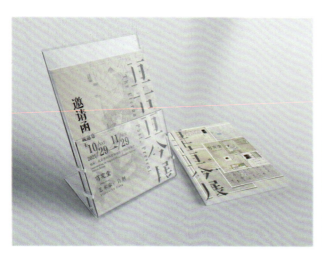

图6-35 展览作品集及邀请函设计 周奕辰

图6-36 展览宣传卡片 周奕辰

综合以上案例可以看出，在竞赛广告和商业广告设计中，想要创造具有吸引力和影响力的广告需要综合考虑品牌形象、目标受众、设计风格、色彩、字体及设计细节等方面。

首先，明确目标受众是至关重要的。在设计广告前，需要清楚地了解目标受众是谁，以及他们的需求和偏好是什么。这将有助于确定广告的设计风格、色彩和内容，以最大程度地吸引目标受众的注意力。

其次，设计风格与主题相符合也是非常重要的。广告的设计风格需要与品牌的形象和定位一致，以便让受众对品牌有一个清晰的认识。同时，在设计风格上还需要考虑与产品的相关性，以便让广告更加贴近受众的需求和兴趣。

图 6-37 帆布袋设计 周奕辰

字体选择与色彩搭配是必须要注意的。色彩和字体对于广告的吸引力和可读性非常重要。在选择色彩和字体时，需要考虑到品牌形象和目标受众的喜好，以便让广告更加引人注目和易于阅读。

另外，关注设计细节至关重要。在设计广告时，需要注意设计细节的每个部分，包括图片、文字、布局等。这些细节将直接影响到广告的视觉效果和传达的信息，因此需要非常仔细地考虑和设计。

最后，评估广告效果也是必不可少的。广告设计完成后，需要对广告效果进行评估，以便了解广告的反应和效果。这将有助于优化广告设计，提高广告的效果和品牌的知名度。

任 务 实 施 指 南

1. 接受订单：

（1）线上渠道：在专业网站接单，搜索订单需求，选择合适的广告类订单；在社交媒体平台上发布接单请求，吸引有设计需求的潜在客户。

（2）线下渠道：参加行业展览会、商业活动或网络研讨会等活动，与潜在客户建立联系并推销设计服务。走访企业，建立合作关系，共同推广产品或服务，并通过他们获得更多的订单来源。向朋友、家人和同事询问设计需求。

2. 前期准备：

（1）确定任务目标和主题：进行会议或讨论，与团队成员一起明确广告的具体目标和主题。确定目标受众群体，包括年龄、性别、兴趣等关键特征。

（2）研究广告规则和要求：仔细阅读当地法规和平台规定，确保广告设计符合法律和政策要求。与广告媒体联系，获取详细的规格要求，如尺寸、分辨率、格式等。

（3）分析目标受众和市场竞争：进行市场调研，使用问卷调查、数据分析等方法了解目标受众的需求和喜好。分析竞争对手的广告策略和创意，找出他们的优点和不足，并寻找差异化设计方向。

（4）组队分工：在团队内部进行讨论，根据成员的技能和经验分配任务。指定一个负责人来协调各个角色之间的沟通和合作。

（5）制订项目计划：使用项目管理工具或软件创建详细的项目计划，包括任务、里程碑和截止日期。确定每个任务的优先级，并分配合理的时间给予团队成员完成。

3. 广告策划：在团队内部进行头脑风暴，提出多种广告主题和概念。根据目标受众的喜好和需求，选择最具吸引力和有效性的策略。

4. 广告创意：团队成员可以利用思维导图、修辞格法、动态动词法、强制连接法等创意方法进行创意构思。

5. 广告呈现：综合运用不同媒材、图形创意，将创意可视化。使用专业的设计软件（如 Adobe Photoshop、Illustrator 等）制作广告设计。确保设计元素清晰可见、色彩搭配协调、字体易读且与品牌风格一致。

6. 审查和修改：将设计稿分享给团队成员，征求他们的反馈意见。根据反馈进行必要的修改和调整，确保广告达到预期效果。

7. 跟踪和评估：发布广告后，使用分析工具（如 Google Analytics）跟踪广告效果。根据数据分析结果评估广告的成功度，并根据需要进行进一步的优化和调整。

【项目评价】

序号	评价指标	评价内容	分值	自评	互评	教师评
1	知识与能力指标	能够独立研究相关的专业文献和案例，了解广告设计的主题与核心概念和相关实践经验	5			
2		能够熟练使用设计软件和工具，掌握图形设计、排版和色彩运用等技术要点	5			
3		能够充分了解不同媒体平台上的广告制作要求，如平面广告、电视广告、网络广告等	10			
4		能够掌握良好的项目管理技巧，包括时间管理、资源分配和进度控制等	10			
5	过程与方法指标	通过深入分析竞赛命题的要求、商业需求，明确任务目标，并确定适合的广告主题、制订详细的项目计划，包括任务分解、时间安排和资源需求等	10			
6		通过团队合作，考虑团队成员的专长和兴趣，合理分配任务，确保每个成员都清楚自己的任务和职责，并建立有效的沟通渠道，确保任务之间的协调与衔接，包括定期会议、在线协作工具等，以便及时交流和解决问题	10			
7		能够相互监督，及时调整分工和资源配置，以保持整个团队的协同效率	10			
8		能够运用设计思维方法，深入了解目标受众的需求并提供创新解决方案，通过多样化的设计技巧和元素运用，打造富有视觉冲击力和吸引力的广告作品	10			
9	情感态度与价值观指标	培养团队成员的团队合作精神和沟通能力，增强团队凝聚力	10			
10		通过参与竞赛和展示作品，激发团队成员的自信心和创造力	10			
11		在总结经验教训时，学会接受失败并从中吸取教训，培养积极向上的态度	10			
		总分	100			

参 考 文 献

［1］赵蕾.图像百年上海设计［M］.上海：上海人民美术出版社，2022.

［2］［美］劳拉·里斯.视觉锤（珍藏版）［M］.寿雯，译.北京：机械工业出版社，2020.

［3］［英］迈克尔·约翰逊.品牌设计全书［M］.王树良，译.上海：上海人民美术出版社，2020.

［4］［德］雷德侯.万物——中国艺术中的模件化和规模化生产［M］.张总，等，译.北京：生活·读书·新知三联书店，2012.

［5］［美］艾琳·路佩登.图解设计思考：好设计，原来是这样「想」出来的！［M］.林育如，译.台北：商周出版社，2012.

［6］叶茂中.广告人手记［M］.北京：北京联合出版公司，2016.

［7］［美］罗宾·蓝达.美国广告设计实用教程［M］.戴佳敏，刘慕义，译.上海：上海人民美术出版社，2006.

［8］邬烈炎.广告设计［M］.上海：上海人民美术出版社，2013.

［9］刘宝成，张玲潇.广告策划与创意［M］.北京：清华大学出版社，2014.